Impressum
Verlag: BABADADA GmbH, Nedderfeld 112 , 22529 Hamburg
Geschäftsführer / Verlagsleitung: Harald Hof
Druck: Books on Demand GmbH, In de Tarpen 42, 22848 Norderstedt

Imprint
Publisher: BABADADA GmbH, Nedderfeld 112 , 22529 Hamburg, Germany
Managing Director / Publishing direction: Harald Hof
Print: Books on Demand GmbH, In de Tarpen 42, 22848 Norderstedt

l'école

σχολείο

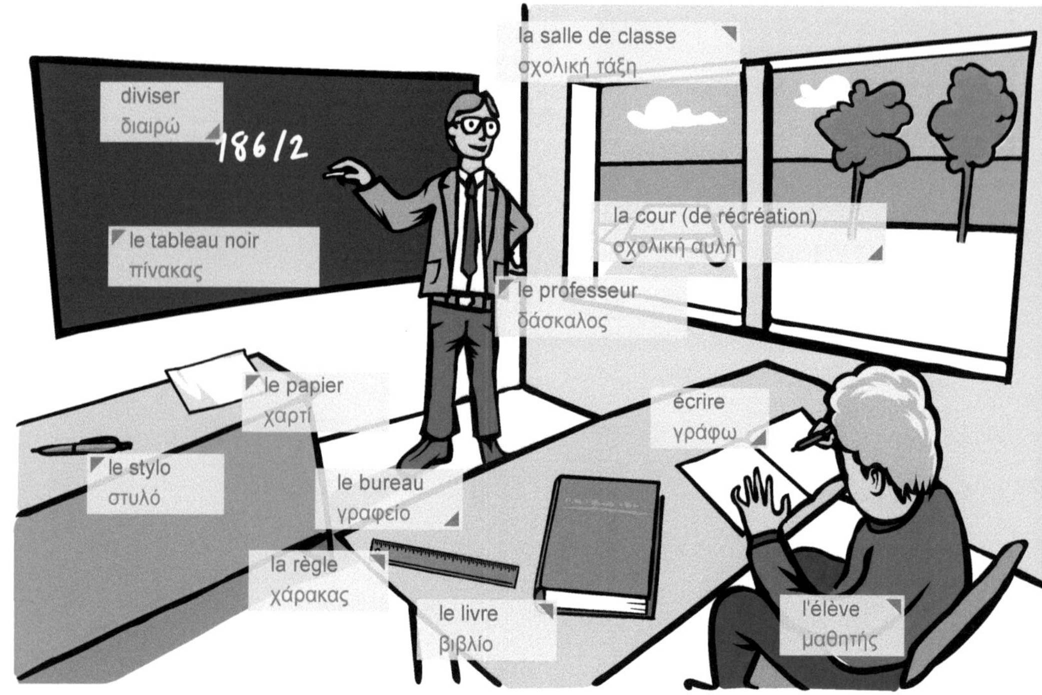
la salle de classe
σχολική τάξη
diviser
διαιρώ
186/2
la cour (de récréation)
σχολική αυλή
le tableau noir
πίνακας
le professeur
δάσκαλος
le papier
χαρτί
écrire
γράφω
le stylo
στυλό
le bureau
γραφείο
la règle
χάρακας
le livre
βιβλίο
l'élève
μαθητής

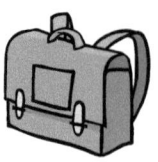

le cartable

σχολική τσάντα

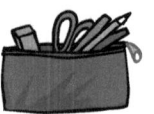

la trousse

κασετίνα/ μολυβοθήκη

le crayon

μολύβι

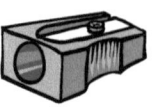

le taille-crayon

ξύστρα

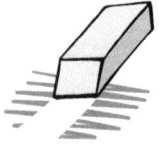

la gomme

γόμα

le carnet à dessin

μπλοκ ζωγραφικής

le dessin

ζωγραφική

le pinceau

πινέλο

la boîte de peinture

κουτί χρωμάτων

les ciseaux

ψαλίδι

la colle

κόλλα

le cahier d'exercices

τετράδιο ασκήσεων

les devoirs

εργασία για το σπίτι

le chiffre

αριθμός

additionner

προσθέτω

soustraire

αφαιρώ

multiplier

πολλαπλασιάζω

calculer

υπολογίζω

la lettre

γράμμα

l'alphabet

αλφάβητο

le mot

λέξη

le texte

κείμενο

lire

διαβάζω

la craie

κιμωλία

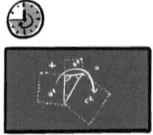

la leçon

μάθημα

le livre de classe

εγγράφομαι

l'examen

τεστ

le certificat

πιστοποιητικό

l'uniforme scolaire

μαθητική στολή

la formation

εκπαίδευση

le lexique

εγκυκλοπαίδεια

l'université

πανεπιστήμιο

le microscope

μικροσκόπιο

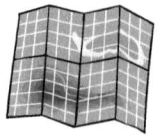

la carte

χάρτης

la corbeille à papier

καλάθι αχρήστων

le voyage
ταξίδι

l'hôtel
ξενοδοχείο
Grand
l'auberge
ξενώνας
ROOMS
CHANGE
le bureau de change
ανταλλακτήρια συναλλάγματος
la valise
βαλίτσα
la voiture
αυτοκίνητο

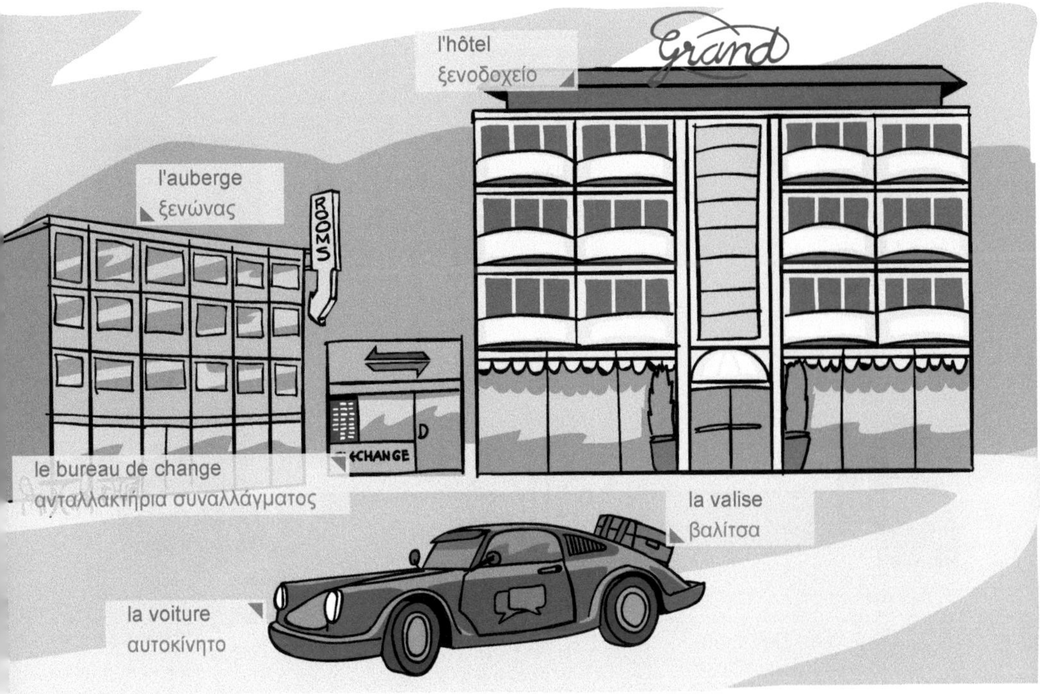

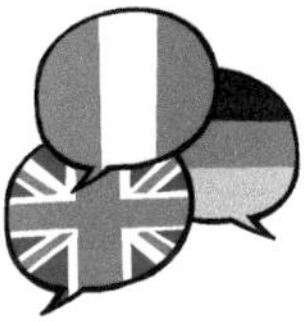

la langue
γλώσσα

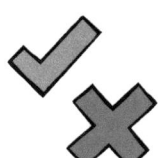

oui / non
ναι / όχι

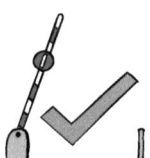

d'accord
εντάξει

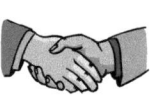

Salut
γεια σου

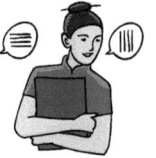

l'interprète
μεταφραστής

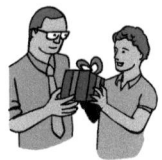

merci
Ευχαριστώ

Combien coûte...?

πόσο κάνει ;

Je ne comprends pas

Δε καταλαβαίνω

le problème

πρόβλημα

Bonsoir !

Καλησπέρα!

Bonjour !

Καλημέρα!

Bonne nuit !

Καληνύχτα!

Au revoir

Αντίο

la direction

κατεύθυνση

les bagages

αποσκευές

le sac

τσάντα

le sac-à-dos

σακίδιο πλάτης

l'hôte

καλεσμένος

la pièce

δωμάτιο

le sac de couchage

υπνόσακος

la tente

σκηνή

l'office de tourisme

τουριστικές πληροφορίες

la plage

παραλία

la carte de crédit

πιστωτική κάρτα

le petit-déjeuner

πρωινό

le déjeuner

μεσημεριανό

le dîner

δείπνο

le billet

εισιτήριο

l'ascenseur

ανελκυστήρας

le timbre

γραμματόσημο

la frontière

σύνορα

la douane

τελωνείο

l'ambassade

πρεσβεία

le visa

βίζα

le passeport

διαβατήριο

le transport

μεταφορά

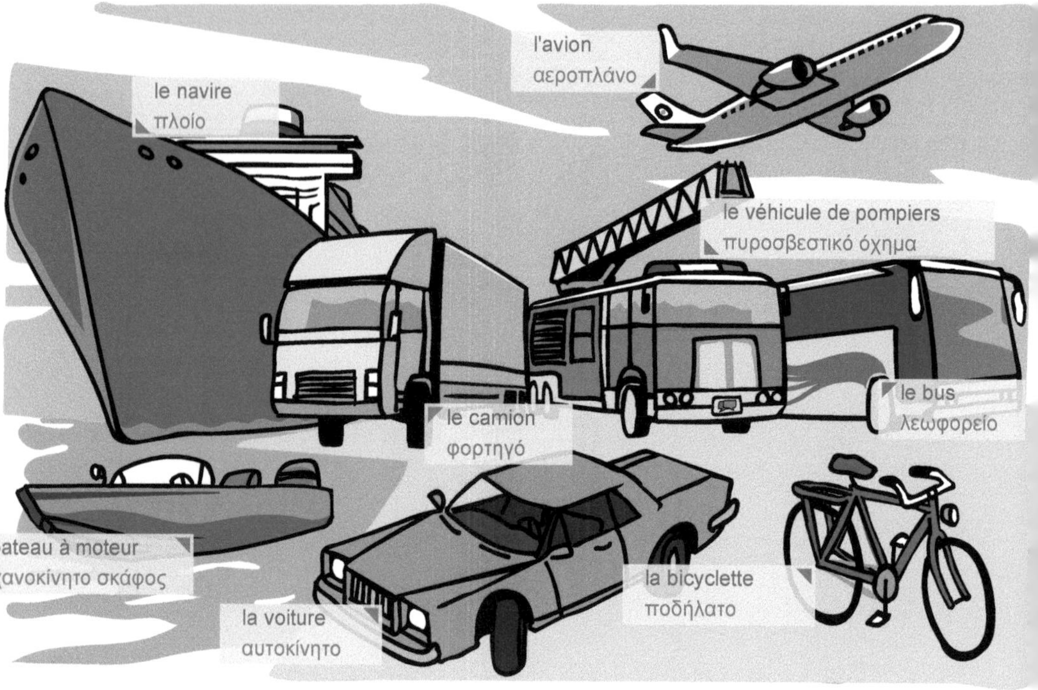

l'avion
αεροπλάνο
le navire
πλοίο
le véhicule de pompiers
πυροσβεστικό όχημα
le bus
λεωφορείο
le camion
φορτηγό
bateau à moteur
χανοκίνητο σκάφος
la bicyclette
ποδήλατο
la voiture
αυτοκίνητο

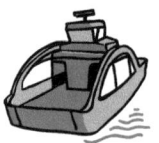

le ferry

φεριμπότ

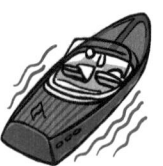

la barque

βάρκα

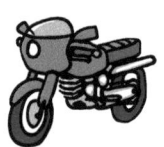

la moto

μοτοσικλέτα

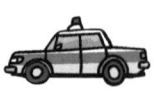

la voiture de police

περιπολικό

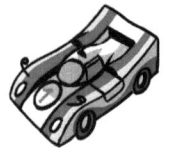

la voiture de course

αγωνιστικό αυτοκίνητο

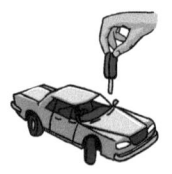

la voiture de location

ενοικιαζόμενο αυτοκίνητο

l'auto-partage

διαμοιρασμός αυτοκινήτων

la voiture de remorquage

γερανός

la benne à ordures

απορριμματοφόρο

le moteur

κινητήρας

l'essence

καύσιμο

la station d'essence

βενζινάδικο

le panneau indicateur

πινακίδα σήμανσης

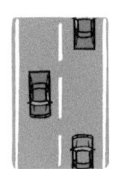

le trafic

κυκλοφορία

l'embouteillage

κυκλοφοριακή συμφόρηση

le parking

χώρος στάθμευσης

la gare

σιδηροδρομικός σταθμός

les rails

σιδηροδρομικές γραμμές

le train

τρένο

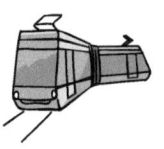

le tramway

τραμ

le wagon

βαγόνι

l'hélicoptère

ελικόπτερο

l'aéroport

αεροδρόμιο

la tour

πύργος

le passager

επιβάτης

le conteneur

εμπορευματοκιβώτιο

le carton

χαρτοκιβώτιο

le chariot

καρότσι

la corbeille

καλάθι

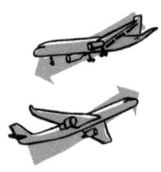

décoller / atterrir

απογειώνομαι /
προσγειόνομαι

la ville

πόλη

le village

χωριό

le centre-ville

κέντρο της πόλης

la maison

σπίτι

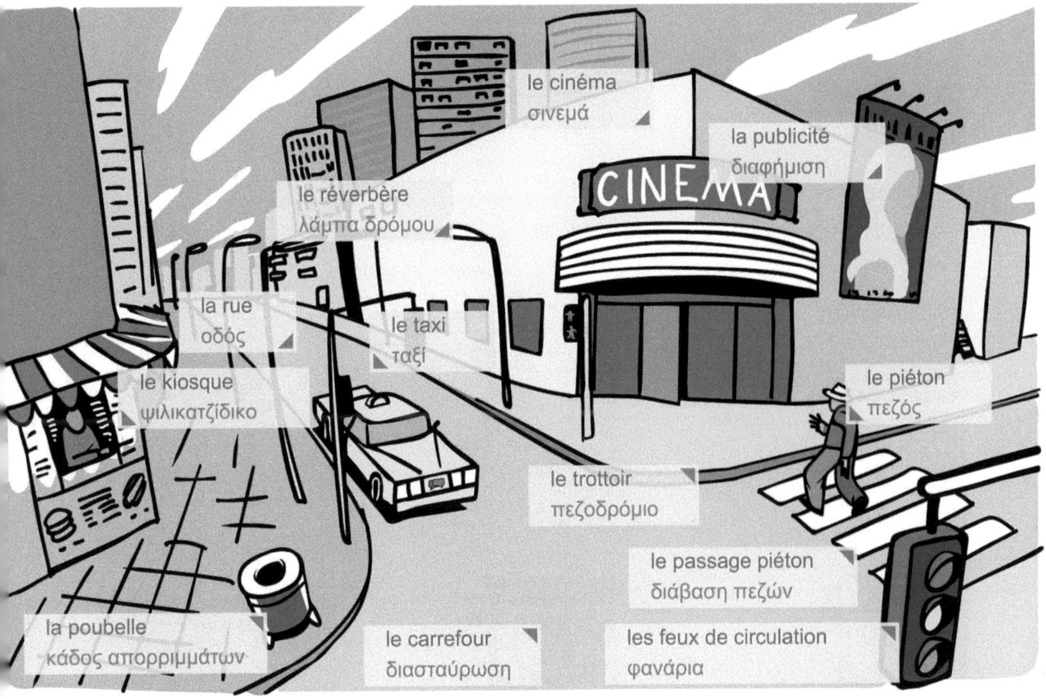
CINEMA
le cinéma
σινεμά
la publicité
διαφήμιση
le réverbère
λάμπα δρόμου
la rue
οδός
le taxi
ταξί
le kiosque
ψιλικατζίδικο
le piéton
πεζός
le trottoir
πεζοδρόμιο
le passage piéton
διάβαση πεζών
la poubelle
κάδος απορριμμάτων
le carrefour
διασταύρωση
les feux de circulation
φανάρια

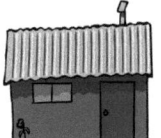

la cabane

καλύβα

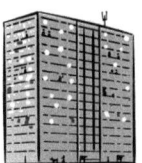

l'appartement

διαμέρισμα

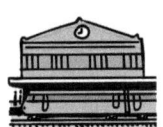

la gare

σιδηροδρομικός σταθμός

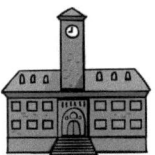

la mairie

δημαρχείο

MUSEUM

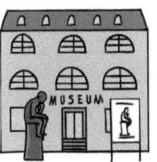

le musée

μουσείο

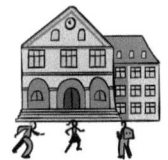

l'école

σχολείο

l'université

πανεπιστήμιο

la banque

τράπεζα

l'hôpital

νοσοκομείο

l'hôtel

ξενοδοχείο

la pharmacie

φαρμακείο

le bureau

γραφείο

la librairie

βιβλιοπωλείο

le magasin

κατάστημα

le fleuriste

ανθοπωλείο

le supermarché

σούπερ μάρκετ

le marché

αγορά

le grand magasin

πολυκατάστημα

la poissonnerie

ιχθυοπωλείο

le centre commercial

εμπορικό κέντρο

le port

λιμάνι

le parc
πάρκο

la banque
παγκάκι

le pont
γέφυρα

les escaliers
σκάλες

le métro
μετρό

le tunnel
τούνελ

l'arrêt de bus
στάση λεωφορείου

le bar
μπαρ

le restaurant
εστιατόριο

la boîte à lettres
γραμματοκιβώτιο

le panneau indicateur
πινακίδα δρόμου

le parcmètre
παρκόμετρο

le zoo
ζωολογικός κήπος

le réverbère
πισίνα

la mosquée
τζαμί

la ferme

αγρόκτημα

la pollution

ρύπανση

la cimetière

νεκροταφείο

l'église

εκκλησία

l'aire de jeux

παιδική χαρά

le temple

ναός

le paysage

τοπίο

la feuille
φύλλο

le panneau indicateur
πινακίδα κατεύθυνσης

le chemin
δρόμος

le pré
λιβάδι

la pierre
πέτρα

l'arbre
δέντρο

le randonneur
πεζοπόρος

la rivière
ποτάμι

l'herbe
χορτάρι

la fleur
λουλούδι

la vallée

κοιλάδα

la montagne

λόφος

le lac

λίμνη

la forêt

δάσος

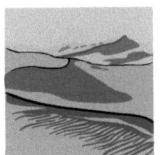

le désert

έρημος

le volcan

ηφαίστειο

le château

κάστρο

l'arc-en-ciel

ουράνιο τόξο

le champignon

μανιτάρι

le palmier

φοίνικας

le moustique

κουνούπι

la mouche

μύγα

les fourmis

μυρμήγκι

l'abeille

μέλισσα

l'araignée

αράχνη

le coléoptère
σκαθάρι

la grenouille
βάτραχος

l'écureuil
σκίουρος

le hérisson
σκαντζόχοιρος

le lièvre
λαγός

la chouette
κουκουβάγια

l'oiseau
πουλί

le cygne
κύκνος

le sanglier
αγριογούρουνο

le cerf
ελάφι

l'élan
άλκη

le barrage
φράγμα

l'éolienne
ανεμογεννήτρια

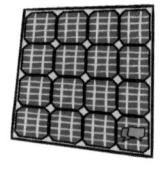

le panneau solaire
ηλιακός συλλέκτης

le climat
κλίμα

le restaurant

εστιατόριο

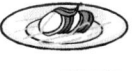

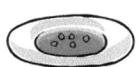

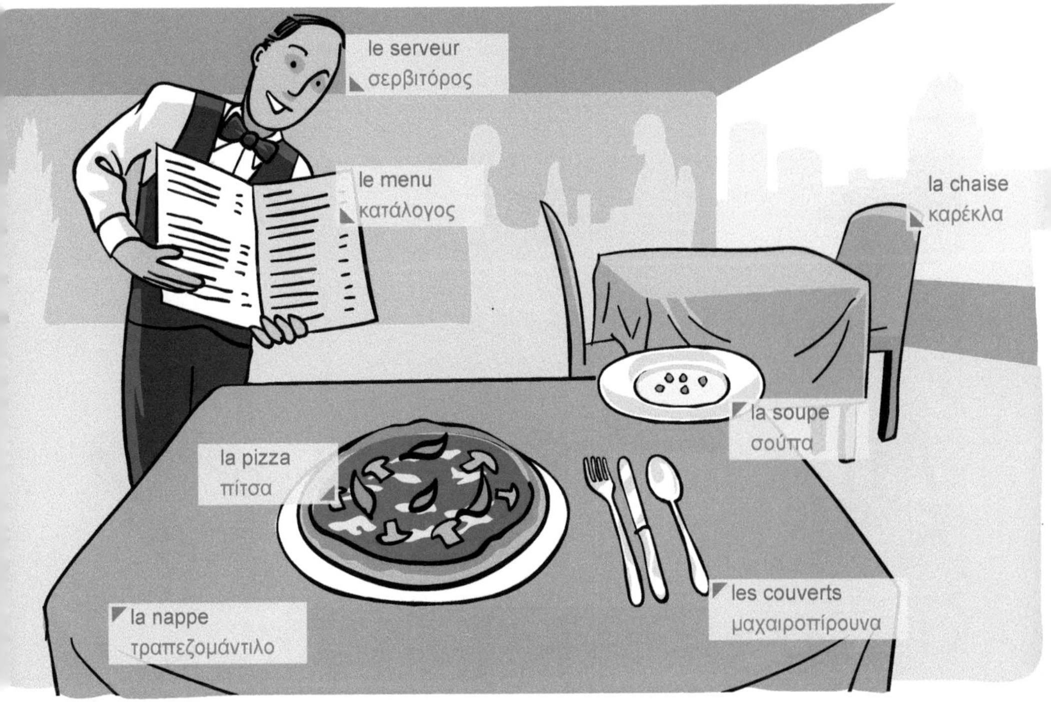

le serveur
σερβιτόρος
le menu
κατάλογος
la chaise
καρέκλα
la soupe
σούπα
la pizza
πίτσα
les couverts
μαχαιροπίρουνα
la nappe
τραπεζομάντιλο

les hors d'œuvre

ορεκτικό

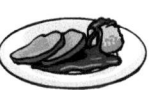

le plat principal

κύριο πιάτο

le dessert

επιδόρπιο

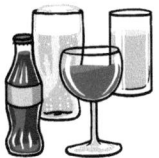

les boissons

ποτά

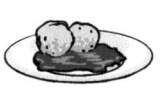

l'alimentation

φαγητό

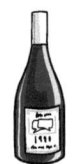

la bouteille

μπουκάλι

le fast-food

φαστ φουντ

les plats à emporter

φαγητό στ' όρθιο

la théière

τσαγιέρα

le sucrier

δοχείο ζάχαρης

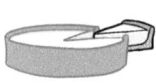

la portion

μερίδα

la machine à expresso

μηχανή εσπρέσο

la chaise haute

ψηλή καρέκλα

la facture

λογαριασμός

le plateau

δίσκος

le couteau

μαχαίρι

la fourchette

πιρούνι

la cuillère

κουτάλι

la cuillère à thé

κουταλάκι του τσαγιού

la serviette

πετσέτα φαγητού

le verre

ποτήρι

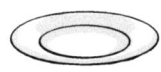

l'assiette

πιάτο

l'assiette à soupe

πιάτο σούπας

la soucoupe

πιατάκι φλιτζανιού

la sauce

σάλτσα

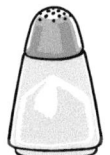

la salière

αλατιέρα

le moulin à poivre

μύλος για πιπέρι

le vinaigre

ξύδι

l'huile

λάδι

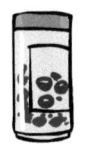

les épices

μπαχαρικά

le ketchup

κέτσαπ

la moutarde

μουστάρδα

la mayonnaise

μαγιονέζα

le supermarché
σούπερ μάρκετ

l'offre promotionnelle
προσφορά
FOR
le client
πελάτης
les produits laitiers
γαλακτοκομικά προϊοντα
les fruits
φρούτα
le chariot
καρότσι για ψώνια

BUTCHERS

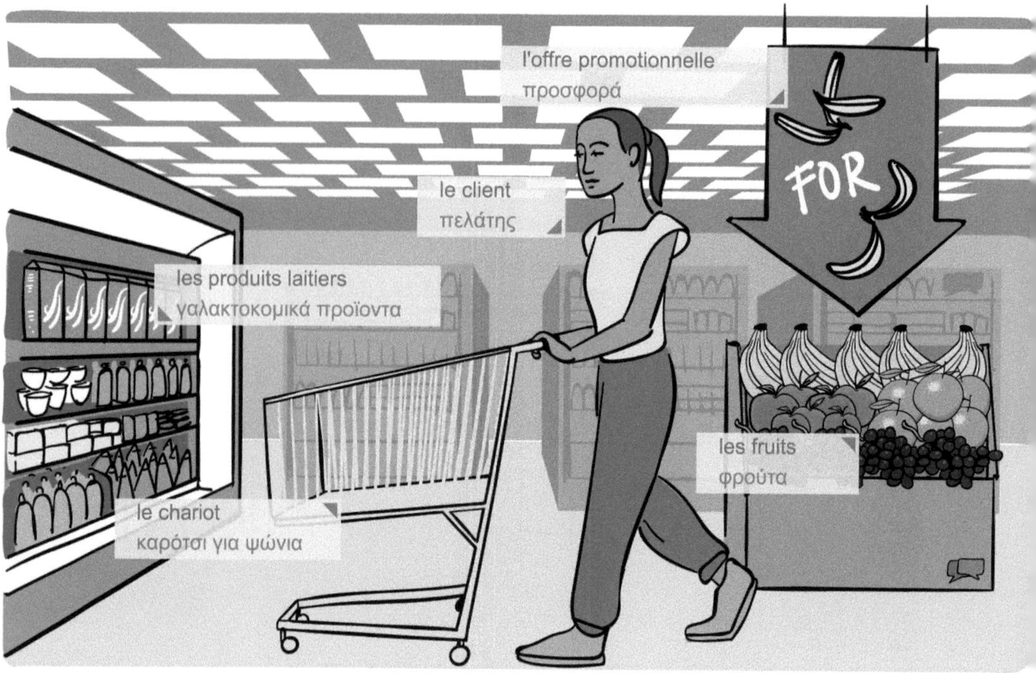

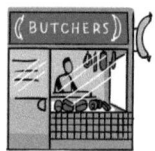

la boucherie

κρεοπωλείο

BAKERY

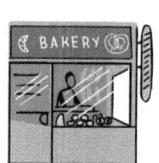

la boulangerie

φούρνος

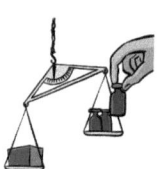

peser

ζυγίζω

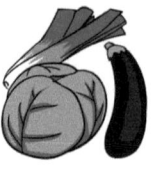

les légumes

λαχανικά

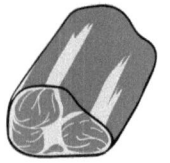

la viande

κρέας

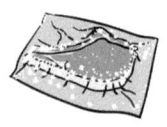

les aliments surgelés

κατεψυγμένα τρόφιμα

la charcuterie

αλλαντικά

les conserves

κονσερβοποιημένη τροφή

la poudre à lessive

απορρυπαντικό ρούχων

les bonbons

γλυκά

les articles ménagers

οικιακά είδη

les détergents

καθαριστικά προϊόντα

la vendeuse

πωλήτρια

la caisse

ταμείο

le caissier

ταμίας

la liste d'achats

λίστα για ψώνια

les heures d'ouverture

ωράριο λειτουργίας

le portefeuille

πορτοφόλι

la carte de crédit

πιστωτική κάρτα

le sac

τσάντα

le sac en plastique

πλαστική σακούλα

les boissons

l'eau

νερό

le jus de fruit

χυμός

le lait

γάλα

le coca

κόκα κόλα

le vin

κρασί

la bière

μπίρα

l'alcool

αλκοόλ

le chocolat chaud

κακάο

le thé

τσάι

le café

καφές

l'expresso

εσπρέσο

le cappuccino

καπουτσίνο

la banane

μπανάνα

la pomme

μήλο

l'orange

πορτοκάλι

le melon

πεπόνι

le citron.

λεμόνι

la carotte

καρότο

l'ail

σκόρδο

le bambou

μπαμπού

l'oignon

κρεμμύδι

le champignon

μανιτάρι

les noisettes

ξηροί καρποί

les pâtes

νουντλς

les spaghetti

μακαρόνια

le riz

ρύζι

la salade

σαλάτα

les pommes frites

πατατάκια

les pommes de terre rôties

τηγανητές πατάτες

la pizza

πίτσα

le hamburger

χάμπουργκερ

le sandwich

σάντουιτς

l'escalope

κοτολέτα

le jambon

ζαμπόν

le salami

σαλάμι

la saucisse

λουκάνικο

le poulet

κοτόπουλο

le rôti

ψητό

le poisson

ψάρι

les flocons d'avoine

χυλός βρώμης

le muesli

μούσλι

les cornflakes

κορν φλέικς

la farine

αλεύρι

le croissant

κρουασάν

les petits-pains

ψωμάκι

le pain

ψωμί

le pain grillé

τοστ

les biscuits

μπισκότα

le beurre

βούτυρο

le fromage blanc

τυρόπηγμα

le gâteau

κέικ

l'œuf

αυγό

l'œuf au plat

τηγανητό αυγό

le fromage

τυρί

la glace

παγωτό

le sucre

ζάχαρη

le miel

μέλι

la confiture

μαρμελάδα

la crème nougat

άλλειμμα σοκολάτας

le curry

κάρυ

la ferme

αγρόκτημα

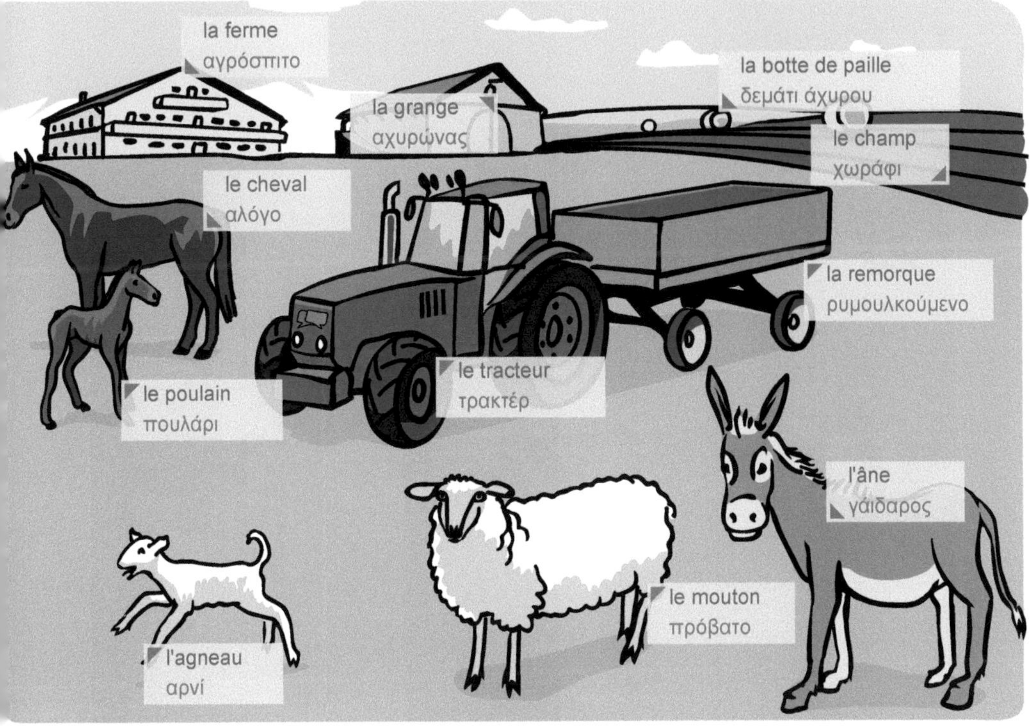
la ferme
αγρόσπιτο
la grange
αχυρώνας
la botte de paille
δεμάτι άχυρου
le champ
χωράφι
le cheval
αλόγο
la remorque
ρυμουλκούμενο
le tracteur
τρακτέρ
le poulain
πουλάρι
l'âne
γάιδαρος
le mouton
πρόβατο
l'agneau
αρνί

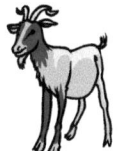

la chèvre

κατσίκα

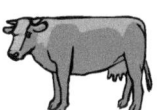

la vache

αγελάδα

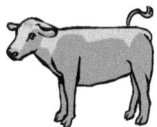

le veau

μοσχαράκι

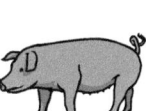

le porc

γουρούνι

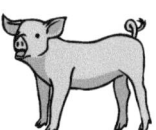

le porcelet

γουρουνάκι

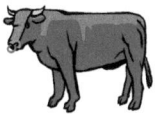

le taureau

ταύρος

l'oie

χήνα

le canard

πάπια

le poussin

κοτοπουλάκι

la poule

κότα

le coq

κόκορας

le rat

αρουραίος

le chat

γάτα

la souris

ποντίκι

le bœuf

βόδι

le chien

σκύλος

le chenil

σπιτάκι σκύλου

le tuyau de jardin

λάστιχο κήπου

l'arrosoir

ποτιστήρι

la faucheuse

θεριστήρι

la charrue

αλέτρι

la faucille

δρεπάνι

la pioche

τσάπα

la fourche

δίκρανο

la hache

τσεκούρι

la brouette

χειράμαξα

la cuve

ταΐστρα

le pot à lait

δοχείο γάλακτος

le sac

σάκος

la clôture

φράχτης

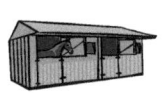

l'étable

στάβλος

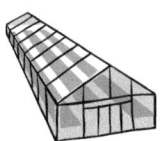

le serre

θερμοκήπιο

le sol

έδαφος

les semences

σπόρος

l'engrais

λίπασμα

la moissonneuse-batteuse

θεριζοαλωνιστική μηχανή

récolter

θερίζω

la récolte

συγκομιδή

l'igname

γιαμς

le blé

σιτάρι

le soja

σόγια

la pomme de terre

πατάτα

le maïs

καλαμπόκι

le colza

κράμβη

l'arbre fruitier

οπωροφόρο δέντρο

le manioc

μανιόκα

les céréales

δημητριακά

la maison
σπίτι

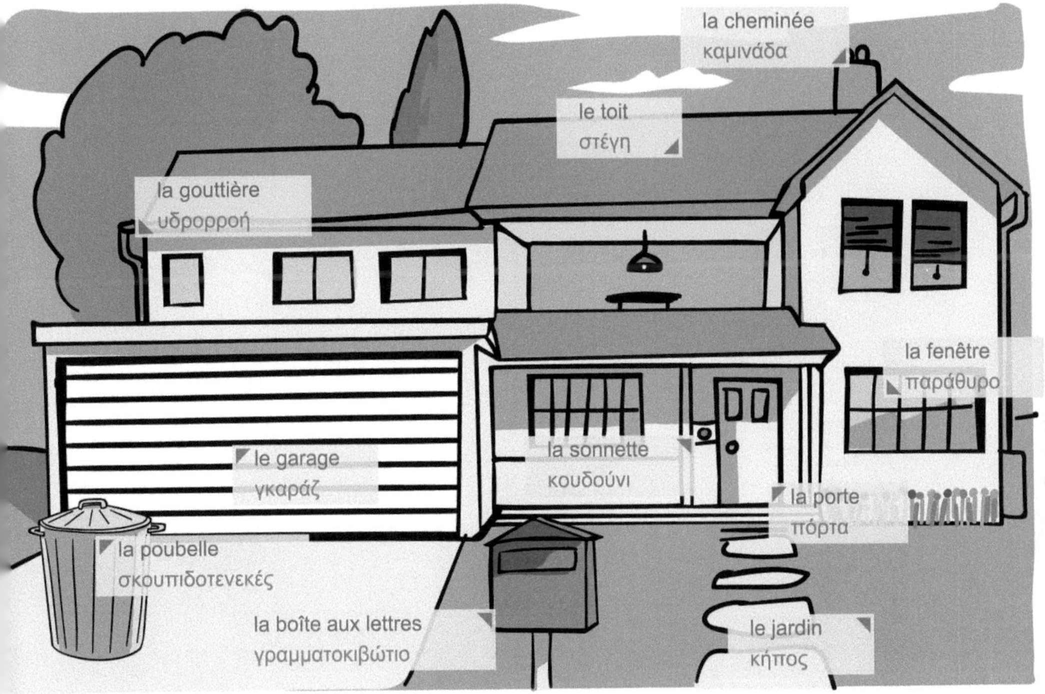

la cheminée
καμινάδα
le toit
στέγη
la gouttière
υδρορροή
la fenêtre
παράθυρο
la sonnette
κουδούνι
le garage
γκαράζ
la porte
πόρτα
la poubelle
σκουπιδοτενεκές
la boîte aux lettres
γραμματοκιβώτιο
le jardin
κήπος

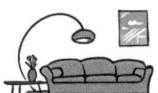

le salon

σαλόνι

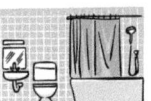

la salle de bain

μπάνιο

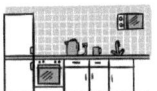

la cuisine

κουζίνα

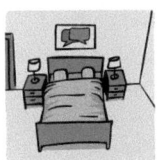

la chambre à coucher

υπνοδωμάτιο

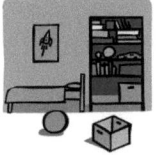

la chambre d'enfant

παιδικό δωμάτιο

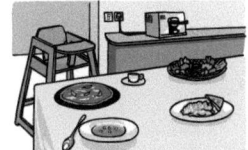

la salle à manger

τραπεζαρία

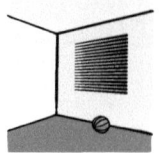

le sol

πάτωμα

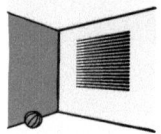

le mur

τοίχος

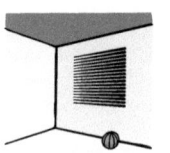

le plafond

οροφή

la cave

κελάρι

le sauna

σάουνα

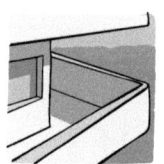

le balcon

μπαλκόνι

la terrasse

βεράντα

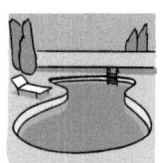

la piscine

πισίνα

la tondeuse à gazon

μηχανή του γκαζόν

la housse

σεντόνι

la couette

κάλυμμα κρεβατιού

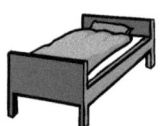

le lit

κρεβάτι

le balai

σκούπα

le sceau

κουβάς

l'interrupteur

διακόπτης

le salon
σαλόνι

le papier peint
ταπετσαρία
l'image
φωτογραφία
la lampe
λάμπα
l'étagère
ράφι
l'armoire
ντουλάπι
la télé
τηλεόραση
la cheminée
τζάκι
la fleur
λουλούδι
le coussin
μαξιλάρι
le sofa
καναπές
le vase
βάζο
la télécommande
τηλεκοντρόλ

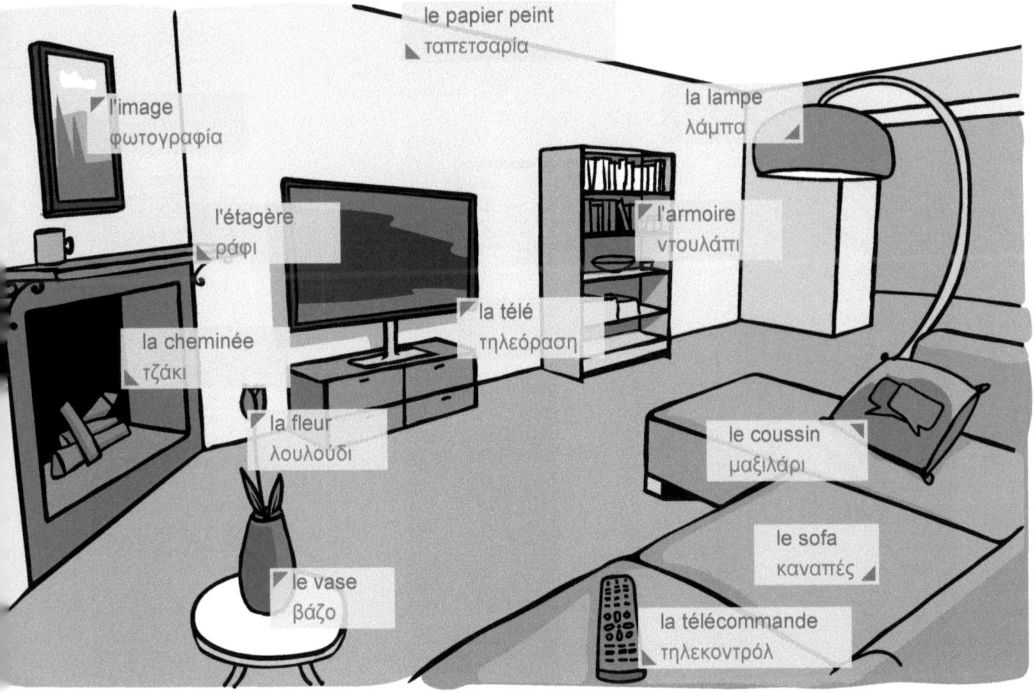

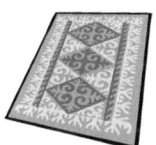

le tapis
χαλί

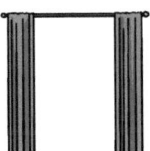

le rideau
κουρτίνα

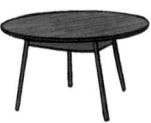

la table
τραπέζι

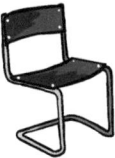

la chaise
καρέκλα

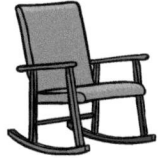

la chaise à bascule
κουνιστή πολυθρόνα

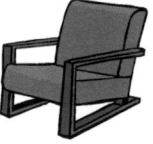

le fauteuil
πολυθρόνα

le livre

βιβλίο

la couverture

κουβέρτα

la décoration

διακόσμηση

le bois de chauffage

καυσόξυλα

le film

ταινία

la chaîne hi-fi

στερεοφωνικό σύστημα

la clé

κλειδί

le journal

εφημερίδα

la peinture

πίνακας ζωγραφικής

le poster

αφίσα

la radio

ραδιόφωνο

le bloc-notes

σημειωματάριο

l'aspirateur

ηλεκτρική σκούπα

le cactus

κάκτος

la bougie

κερί

la cuisine
κουζίνα

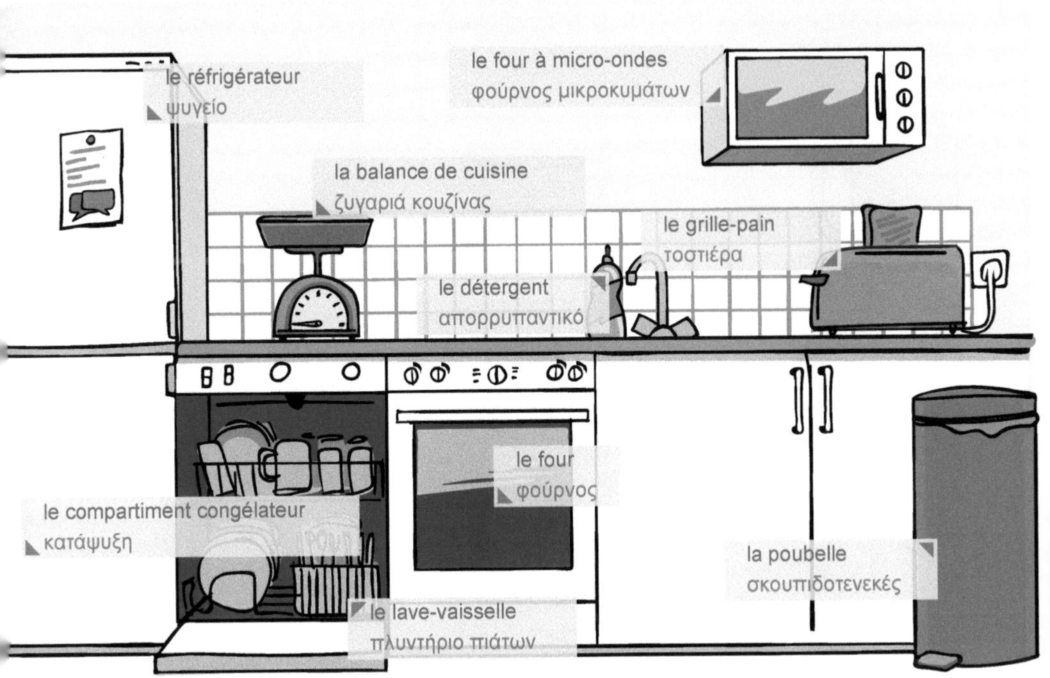

le réfrigérateur
ψυγείο
le four à micro-ondes
φούρνος μικροκυμάτων
la balance de cuisine
ζυγαριά κουζίνας
le grille-pain
τοστιέρα
le détergent
απορρυπαντικό
le four
φούρνος
le compartiment congélateur
κατάψυξη
la poubelle
σκουπιδοτενεκές
le lave-vaisselle
πλυντήριο πιάτων

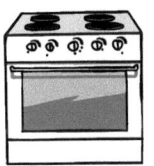

le four
κουζίνα

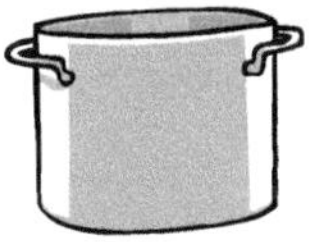

la casserole
κατσαρόλα

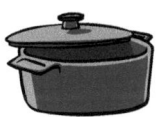

la marmite
μαντεμένια κατσαρόλα

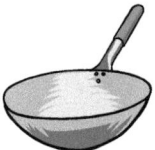

le wok / kadai
γουόκ/καντάι

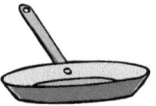

la poêle
τηγάνι

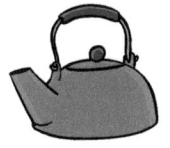

la bouilloire electrique
βραστήρας

le cuiseur vapeur

ατμομάγειρας

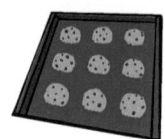

la plaque de cuisson

ταψί

la vaisselle

πιατικά

le gobelet

κούπα

la coupe

μπολ

les baguettes

ξυλάκια

la louche

κουτάλα

la spatule

σπάτουλα

le fouet

ανακατεύω

la passoire

σουρωτήρι

le tamis

σουρωτηράκι

la râpe

τρίφτης

le mortier

γουδί

le barbecue

ψησταριά

la cheminée

ανοιχτή φωτιά

la planche à découper

σανίδα κοπής

le rouleau à pâtisserie

πλάστης

le tire-bouchon

ανοιχτήρι φελλών

la boîte

κονσέρβα

l'ouvre-boîte

ανοιχτήρι κονσέρβας

les maniques

γάντι φούρνου

le lavabo

νεροχύτης

la brosse

βούρτσα

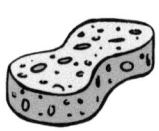

l'éponge

σφουγγάρι

le mixeur

μπλέντερ

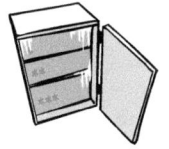

le congélateur

καταψύκτης

le biberon

μπιμπερό

le robinet

βρύση

la salle de bain

μπάνιο

la douche
ντους
le chauffage
θέρμανση
la serviette
πετσέτα
le rideau de douche
κουρτίνα ντουζ
le bain moussant
αφρόλουτρο
la baignoire
μπανιέρα
le verre
ποτήρι
la machine à laver
πλυντήριο ρούχων
le robinet
βρύση
le carrelage
πλακάκια
le pot
γιογιό
le lavabo
νεροχύτης

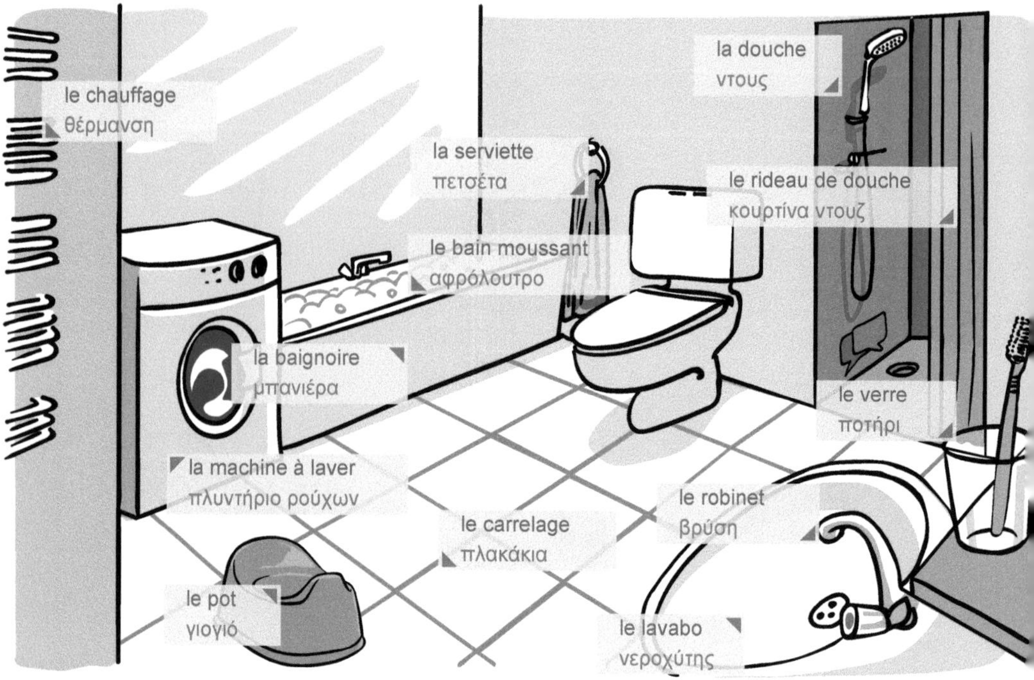

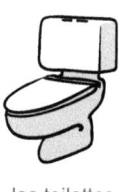

les toilettes
τουαλέτα

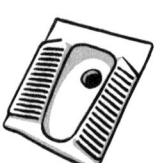

la toilette à la turque
τούρκικη τουαλέτα

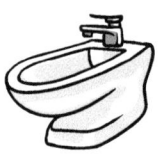

le bidet
μπιντές

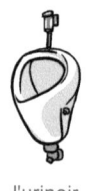

l'urinoir
ουρητήριο

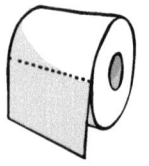

le papier toilette
χαρτί υγείας

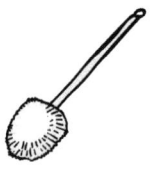

la brosse à toilette
πιγκάλ

la brosse à dents

οδοντόβουρτσα

le dentifrice

οδοντόκρεμα

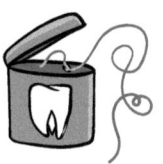

le fil dentaire

οδοντικό νήμα

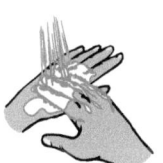

laver

πλένω

la douche manuelle

τηλέφωνο ντους

la douche intime

ντουσιέρα

la vasque

λεκάνη

la brosse dorsale

βούρτσα πλάτης

le savon

σαπούνι

le gel douche

αφρόλουτρο

le shampooing

σαμπουάν

le gant de toilette

φανέλα

l'écoulement

σιφόνι

la crème

κρέμα

le déodorant

αποσμητικό

le miroir

καθρέφτης

le miroir cosmétique

καθρέφτης χειρός

le rasoir

ξυραφάκι

la mousse à raser

αφρός ξυρίσματος

l'après-rasage

αφτερσέιβ

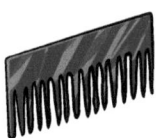

la peigne

χτένα

la brosse

βούρτσα

le sèche-cheveux

σεσουάρ

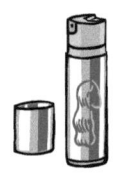

la laque pour cheveux

λακ

le fond de teint

μακιγιάζ

le rouge à lèvres

κραγιόν

le vernis à ongles

βερνίκι νυχιών

l'ouate

βαμβάκι

le coupe-ongles

ψαλίδι νυχιών

le parfum

άρωμα

la trousse de toilette

νεσεσέρ

le tabouret

σκαμπό

le pèse-personne

ζυγαριά

le peignoir

μπουρνούζι

les gants de nettoyage

ελαστικά γάντια

le tampon

ταμπόν

les serviettes hygiéniques

πετσέτα υγιεινής

la toilette chimique

χημική τουαλέτα

la chambre d'enfant

παιδικό δωμάτιο

le réveil
ξυπνητήρι
le doudou
λούτρινο ζωάκι
la voiture jouet
αυτοκινητάκι
le hochet
κουδουνίστρα
la maison de poupée
κουκλόσπιτο
le cadeau
δώρο

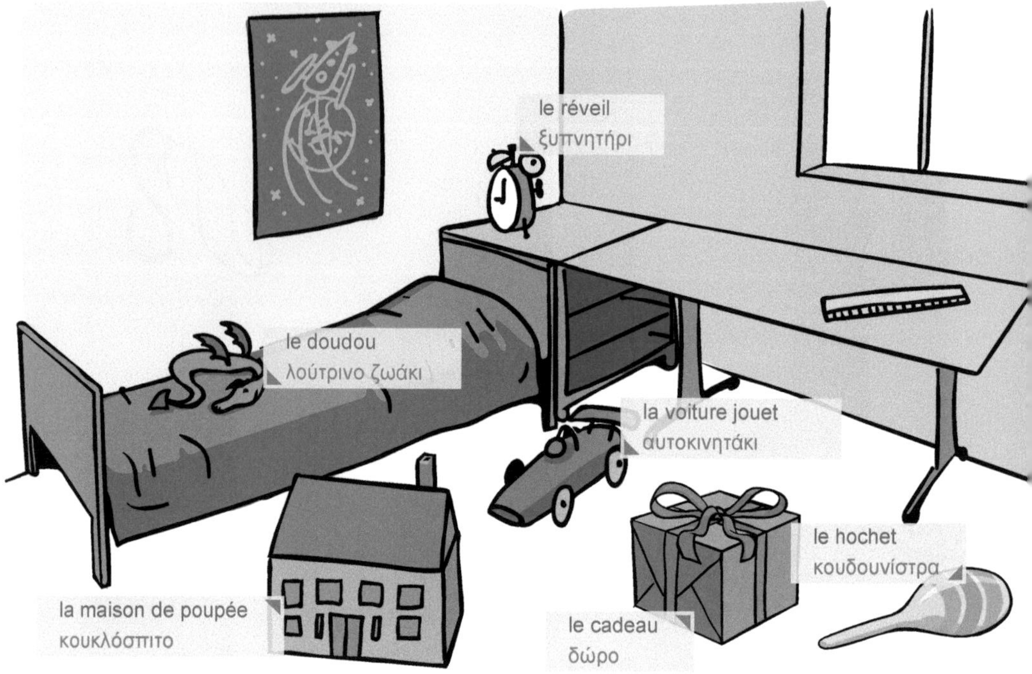

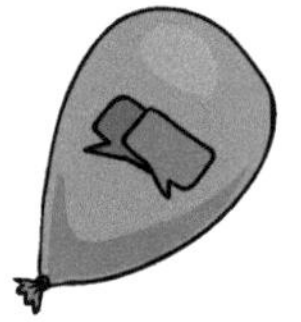

le ballon
....
μπαλόνι

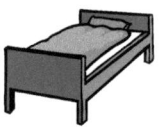

le lit
....
κρεβάτι

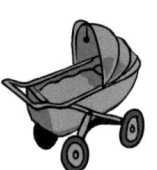

la poussette
....
καροτσάκι

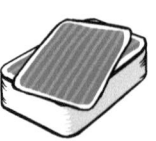

le jeu de cartes
....
τράπουλα

le puzzle
....
παζλ

SUPER
MEGA

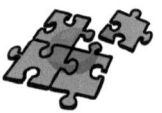

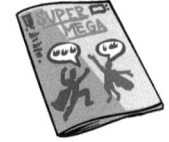

la bande dessinée
....
κόμικς

les pièces lego

τουβλάκια lego

les blocs de construction

τουβλάκια κατασκευών

la figurine

φιγούρα δράσης

la grenouillère

βρεφικό φορμάκι

le frisbee

φρίσμπι

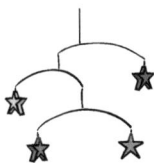

le mobile

μόμπιλο

le jeu de société

επιτραπέζιο παιχνίδι

le dé

ζάρια

le train miniature

σετ τρενάκι

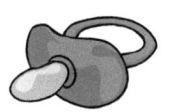

la sucette

πιπίλα

la fête

πάρτι

le livre d'images

εικονογραφημένο βιβλίο

la balle

μπάλα

la poupée

κούκλα

jouer

παίζω

le bac à sable

σκάμμα με άμμο

la balançoire

κούνια

les jouets

παιχνίδια

la console de jeu

κονσόλα βιντεοπαιχνιδιών

le tricycle

τρίκυκλο

l'ours en peluche

αρκουδάκι

l'armoire

ντουλάπα

les vêtements

ρούχα

les chaussettes

κάλτσες

les bas

καλτσοδέτες

le collant

καλσόν

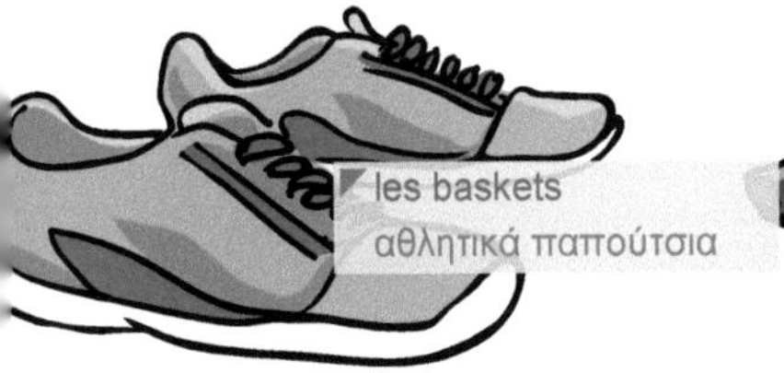

l'écharpe
κασκόλ

le parapluie
ομπρέλα

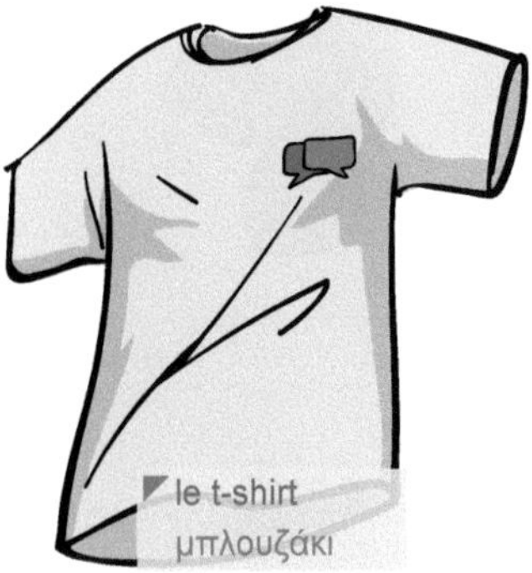

la ceinture
ζώνη

le t-shirt
μπλουζάκι

les bottes
μπότες

les baskets
αθλητικά παπούτσια

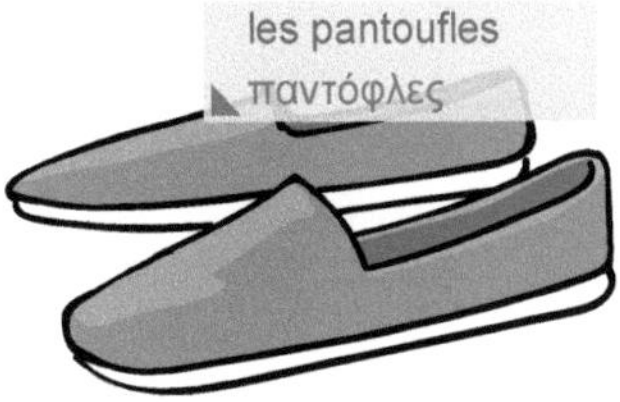

les pantoufles
παντόφλες

les sandales
σανδάλια

les chaussures
παπούτσια

les bottes de caoutchouc
γαλότσες

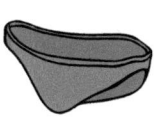

les sous-vêtements
εσώρουχο

le soutien-gorge
σουτιέν

le maillot de corps
φανέλα

les vêtements - ρούχα

le body

σώμα

le pantalon

παντελόνι

le jean

τζιν παντελόνι

la jupe

φούστα

le chemisier

μπλούζα

la chemise

πουκάμισο

le pull

πουλόβερ

le sweat à capuche

πουλόβερ

la veste

σακάκι

la veste

μπουφάν

le manteau

παλτό

l'imperméable

αδιάβροχο πανωφόρι

le costume

κοστούμι

la robe

φόρεμα

la robe de mariée

νυφικό

le costume

κοστούμι

la chemise de nuit

νυχτικό

le pyjama

πιτζάμες

le sari

σάρι

le foulard

μαντήλι

le turban

τουρμπάνι

la burqa

μπούρκα

le caftan

καφτάνι

l'abaya

μουσουλμανικό ένδυμα

le maillot de bain

ολόσωμο μαγιό

le maillot de bain

ανδρικό μαγιό

le short

σορτς

la tenue d'entraînement

αθλητική φόρμα

le tablier

ποδιά

les gants

γάντια

le bouton
κουμπί

les lunettes
γυαλιά

le bracelet
βραχιόλι

le collier
περιδέραιο

la bague
δαχτυλίδι

la boucle d'oreille
σκουλαρίκι

le bonnet
καπέλο

le cintre
κρεμάστρα

le chapeau
καπέλο

la cravate
γραβάτα

la fermeture éclair
φερμουάρ

le casque
κράνος

les bretelles
τιράντες

l'uniforme scolaire
μαθητική στολή

l'uniforme
στολή

le bavoir

σαλιάρα

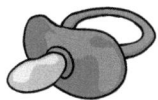

la sucette

πιπίλα

la lange

πάνα

le bureau
γραφείο

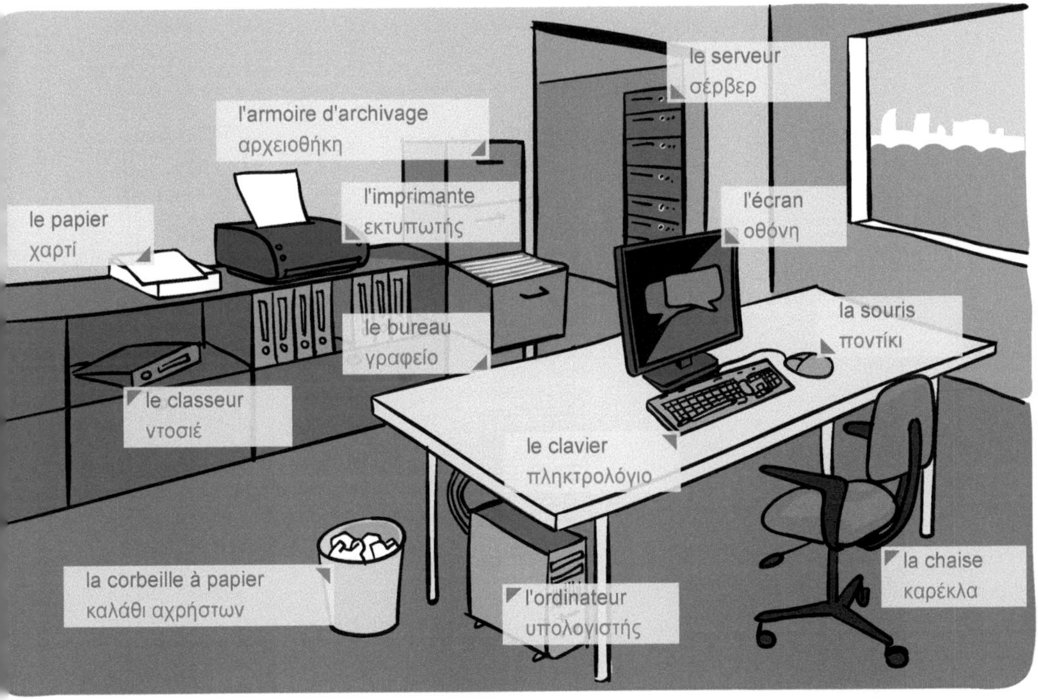

le serveur
σέρβερ

l'armoire d'archivage
αρχειοθήκη

l'imprimante
εκτυπωτής

le papier
χαρτί

l'écran
οθόνη

la souris
ποντίκι

le bureau
γραφείο

le classeur
ντοσιέ

le clavier
πληκτρολόγιο

la corbeille à papier
καλάθι αχρήστων

l'ordinateur
υπολογιστής

la chaise
καρέκλα

la tasse de café

κούπα του καφέ

la calculatrice

κομπιουτεράκι

l'internet

ίντερνετ

l'ordinateur portable

λάπτοπ

la lettre

γράμμα

le message

μήνυμα

le portable

κινητό

le réseau

δίκτυο

la photocopieuse

φωτοτυπικό μηχάνημα

le logiciel

λογισμικό

le téléphone

τηλέφωνο

la prise

πρίζα

le fax

συσκευή φαξ

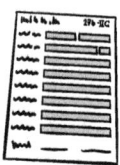

le formulaire

έντυπο

le document

έγγραφο

acheter

αγοράζω

payer

πληρώνω

faire du commerce

συναλλάσσομαι

la monnaie

χρήματα

 **USD**

le dollar

δολάριο

 **EUR**

l'euro

ευρώ

 **JPY**

le yen

γιεν

 **RUB**

le rouble

ρούβλι

 **CHF**

le franc suisse

ελβετικό φράγκο

 **CNY**

le renminbi yuan

ρενμίνμπι γιουάν

 **INR**

la roupie

ρουπία

le distributeur automatique

ATM (αυτόματη ταμειακή μηχανή)

le bureau de change

ανταλλακτήρια συναλλάγματος

l'or

χρυσός

l'argent

ασήμι

le pétrole

πετρέλαιο

l'énergie

ενέργεια

le prix

τιμή

le contrat

συμβόλαιο

la taxe

φόρος

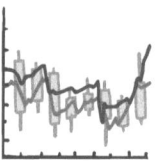

l'action

μετοχή

travailler

δουλεύω

l'employé

υπάλληλος

l'employeur

εργοδότης

l'usine

εργοστάσιο

le magasin

κατάστημα

l'agent de police
αστυνόμος

le pompier
πυροσβέστης

le cuisinier
μάγειρας

le médecin
γιατρός

le pilote
πιλότος

le jardinier

κηπουρός

le menuisier

ξυλουργός

la couturière

μοδίστρα

le juge

δικαστής

le chimiste

χημικός

l'acteur

ηθοποιός

le conducteur de bus

οδηγός λεωφορείου

le chauffeur de taxi

ταξιτζής

le pêcheur

ψαράς

la femme de ménage

καθαρίστρια

le couvreur

τεχνίτης στεγών

le serveur

σερβιτόρος

le chasseur

κυνηγός

le peintre

ζωγράφος

le boulanger

αρτοποιός

l'électricien

ηλεκτρολόγος

l'ouvrier

οικοδόμος

l'ingénieur

μηχανολόγος

le boucher

κρεοπώλης

le plombier

υδραυλικός

le facteur

ταχυδρόμος

le soldat
στρατιώτης

l'architecte
αρχιτέκτονας

le caissier
ταμίας

le fleuriste
ανθοπώλης

le coiffeur
κομμωτής

le contrôleur
ελεγκτής εισιτηρίων

le mécanicien
μηχανικός

le capitaine
καπετάνιος

le dentiste
οδοντίατρος

le scientifique
επιστήμονας

le rabbin
ραβίνος

l'imam
ιμάμης

le moine
μοναχός

le prêtre
ιερέας

les outils
εργαλεία

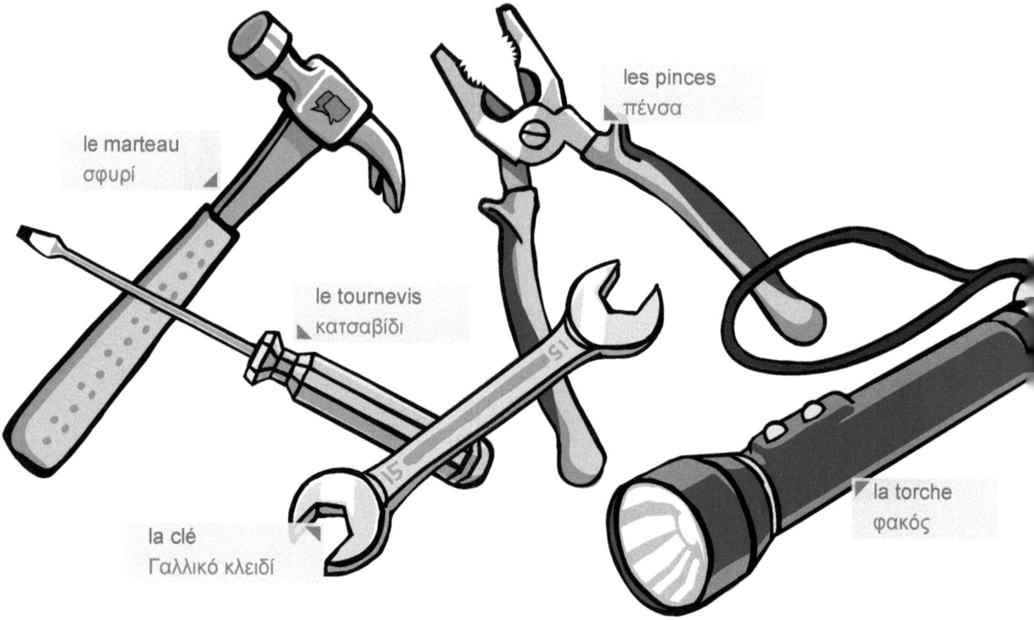
le marteau
σφυρί
les pinces
πένσα
le tournevis
κατσαβίδι
la clé
Γαλλικό κλειδί
la torche
φακός

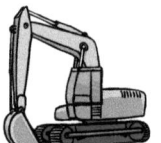

la pelleteuse
εκσκαφέας

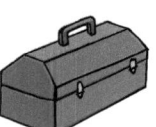

la boîte à outils
εργαλειοθήκη

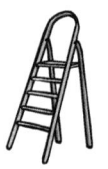

l'échelle
σκάλα

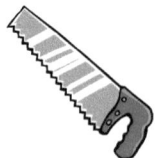

la scie
πριόνι

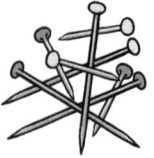

les clous
καρφιά

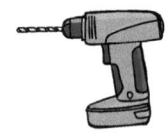

la perceuse
τρυπάνι

réparer

επισκευάζω

la pelle

φτυάρι

Mince !

Να πάρει!

la pelle

φαράσι

le pot de peinture

δοχείο χρωμάτων

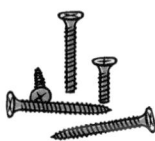

les vis

βίδες

les instruments de musique
μουσικά όργανα

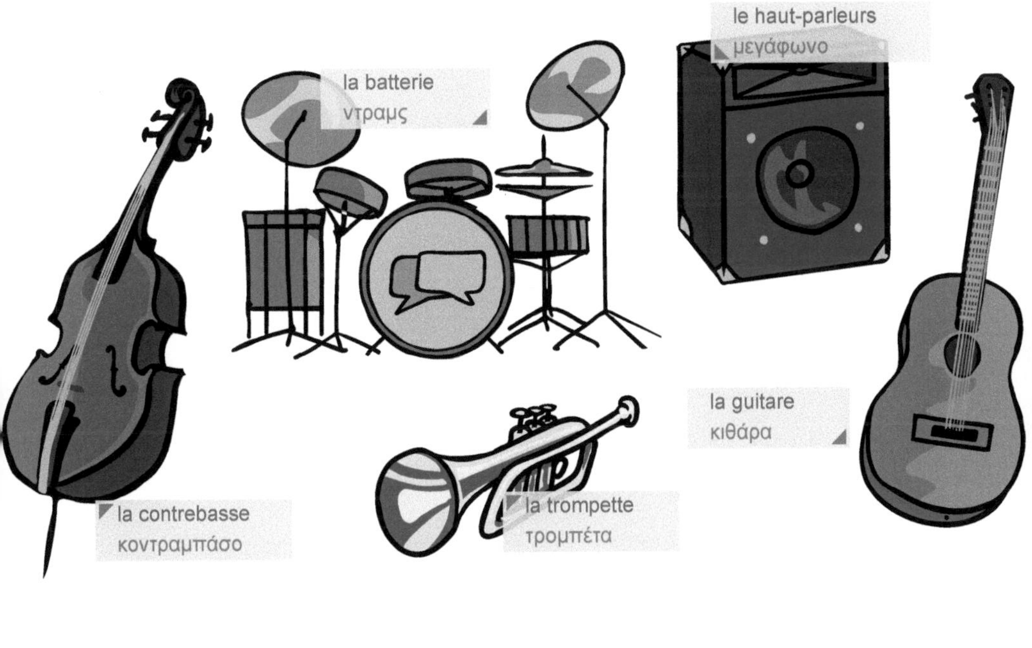

le haut-parleurs
μεγάφωνο

la batterie
ντραμς

la guitare
κιθάρα

la contrebasse
κοντραμπάσο

la trompette
τρομπέτα

le piano

πιάνο

le violon

βιολί

la basse

μπάσο

les timbales

τύμπανα

le tambour

τύμπανο

le piano électrique

πλήκτρα

le saxophone

σαξόφωνο

la flûte

φλάουτο

le microphone

μικρόφωνο

le zoo
ζωολογικός κήπος

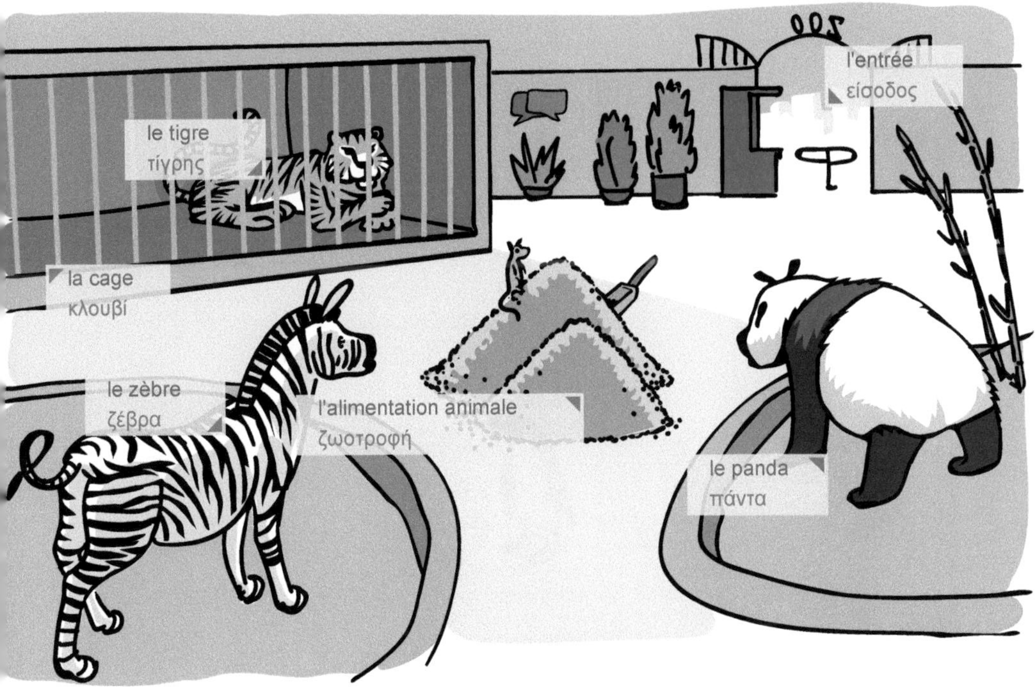

l'entrée
είσοδος
le tigre
τίγρης
la cage
κλουβί
le zèbre
ζέβρα
l'alimentation animale
ζωοτροφή
le panda
πάντα

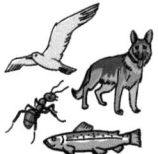

les animaux

ζώα

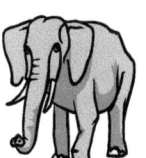

l'éléphant

ελέφαντας

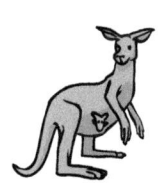

le kangourou

καγκουρό

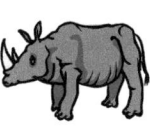

le rhinocéros

ρινόκερος

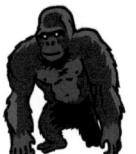

le gorille

γορίλας

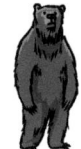

l'ours

αρκούδα

le chameau

καμήλα

l'autruche

στρουθοκάμηλος

le lion

λιοντάρι

le singe

πίθηκος

le flamand rose

φλαμίνγκο

le perroquet

παπαγάλος

l'ours polaire

πολική αρκούδα

le pingouin

πιγκουίνος

le requin

καρχαρίας

le paon

παγώνι

le serpent

φίδι

le crocodile

κροκόδειλος

le gardien de zoo

φύλακας ζωολογικού κήπου

le phoque

φώκια

le jaguar

τζάγκουαρ

le zoo - ζωολογικός κήπος

le poney

πόνυ

le léopard

λεοπάρδαλη

l'hippopotame

ιπποπόταμος

la girafe

καμηλοπάρδαλη

l'aigle

αετός

le sanglier

αγριογούρουνο

le poisson

ψάρι

la tortue

χελώνα

le morse

θαλάσσιος ίππος

le renard

αλεπού

la gazelle

γαζέλα

l'american Football
Αμερικάνικο ποδόσφαιρο

le cyclisme
ποδηλασία

le tennis
αντισφαίριση

le basket-ball
μπάσκετ

la natation
κολύμβηση

la boxe
πυγχαμία

le hockey sur glace
χόκεϋ επί πάγου

le football

ποδόσφαιρο

le badminton

μπάντμιντον

l'athlétisme

στίβος

le handball

χάντμπολ

le ski

σκι

le polo

πόλο

les activités
δραστηριότητες

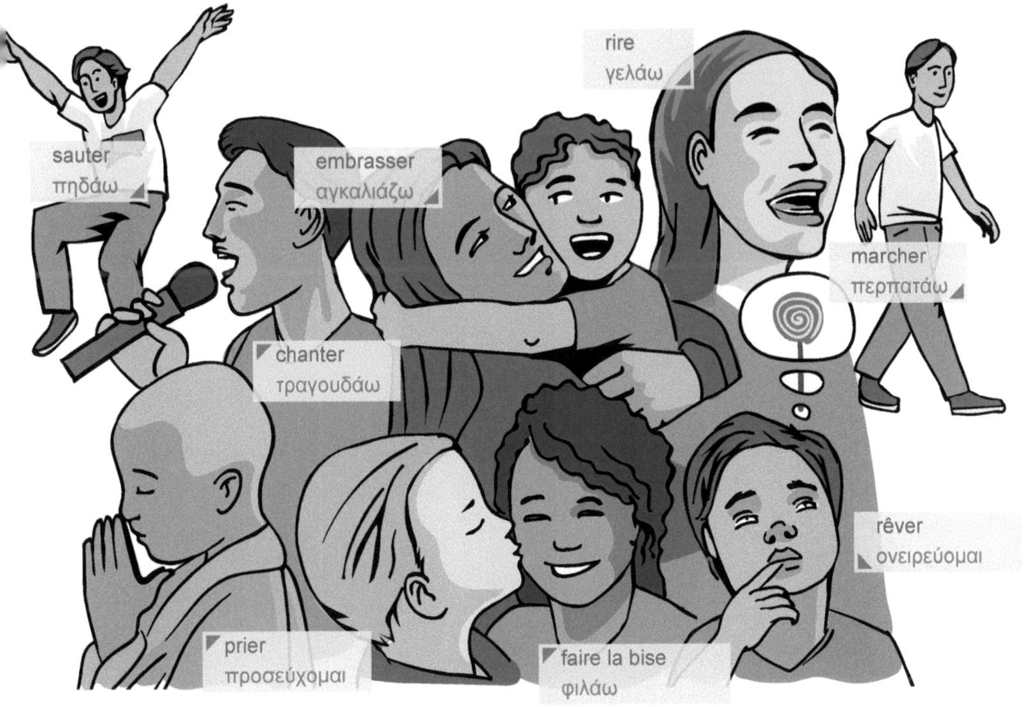
rire
γελάω
sauter
πηδάω
embrasser
αγκαλιάζω
marcher
περπατάω
chanter
τραγουδάω
rêver
ονειρεύομαι
prier
προσεύχομαι
faire la bise
φιλάω

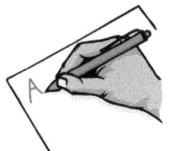

écrire

γράφω

dessiner

σχεδιάζω

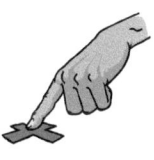

montrer

δείχνω

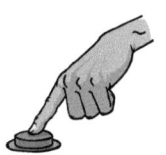

pousser

πιέζω

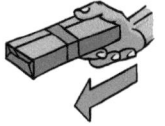

donner

δίνω

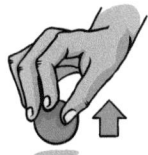

prendre

παίρνω

avoir
έχω

faire
κάνω

être
είμαι

être debout
στέκομαι

courir
τρέχω

trier
τραβάω

jeter
ρίχνω

tomber
πέφτω

être couché
ξαπλώνω

attendre
περιμένω

porter
κουβαλώ

être assis
κάθομαι

s'habiller
φοράω

dormir
κοιμάμαι

se réveiller
ξυπνάω

regarder

κοιτάω

pleurer

κλαίω

caresser

χαϊδεύω

peigner

χτενίζω

parler

μιλάω

comprendre

καταλαβαίνω

demander

ρωτάω

écouter

ακούω

boire

πίνω

manger

τρώω

ranger

συγυρίζω

aimer

αγαπάω

cuire

μαγειρεύω

conduire

οδηγώ

voler

πετάω

les activités - δραστηριότητες

faire de la voile

κάνω ιστιοπλοΐα

calculer

υπολογίζω

lire

διαβάζω

apprendre

μαθαίνω

travailler

δουλεύω

se marier

παντρεύομαι

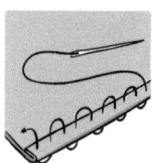

coudre

ράβω

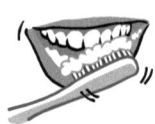

brosser les dents

βουρτσίζω τα δόντια

tuer

σκοτώνω

fumer

καπνίζω

envoyer

στέλνω

la famille

οικογένεια

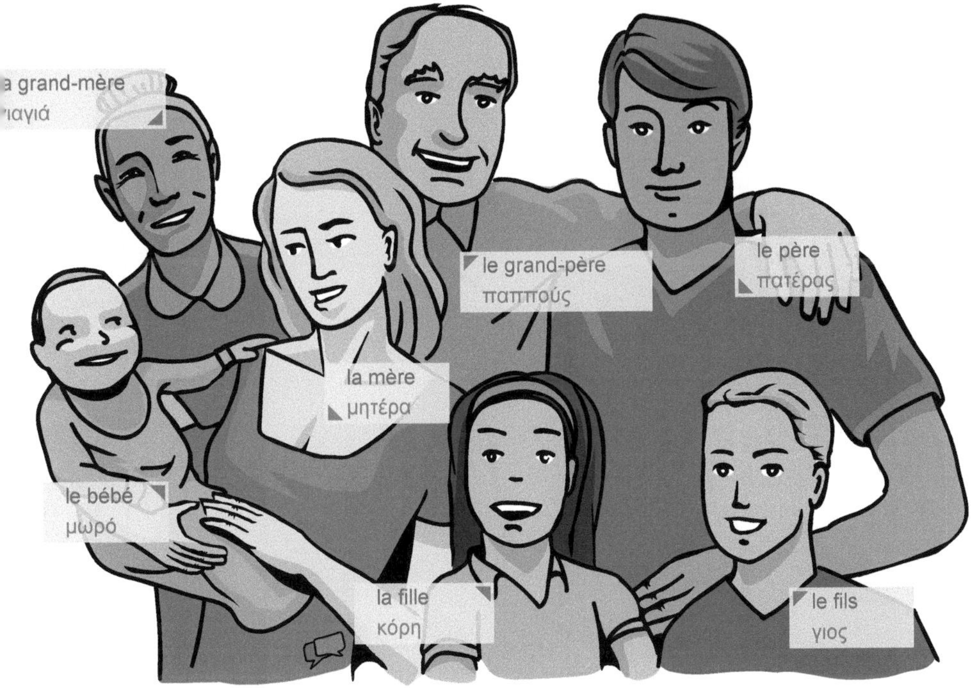

a grand-mère
ιαγιά
le grand-père
παππούς
le père
πατέρας
la mère
μητέρα
le bébé
μωρό
la fille
κόρη
le fils
γιος

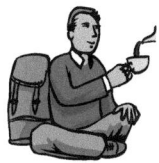

l'hôte

καλεσμένος

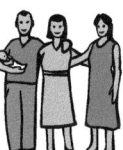

la tante

θεία

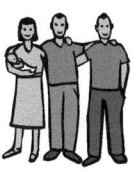

l'oncle

θείος

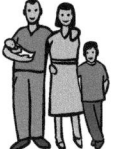

le frère

αδελφός

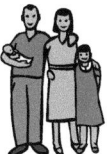

la sœur

αδελφή

le corps
σώμα

le front
μέτωπο
l'œil
μάτι
l'épaule
ώμος
le doigt
δάχτυλο
le visage
πρόσωπο
le menton
πιγούνι
la main
χέρι
la jambe
πόδι
la poitrine
στήθος
le bras
βραχίονας

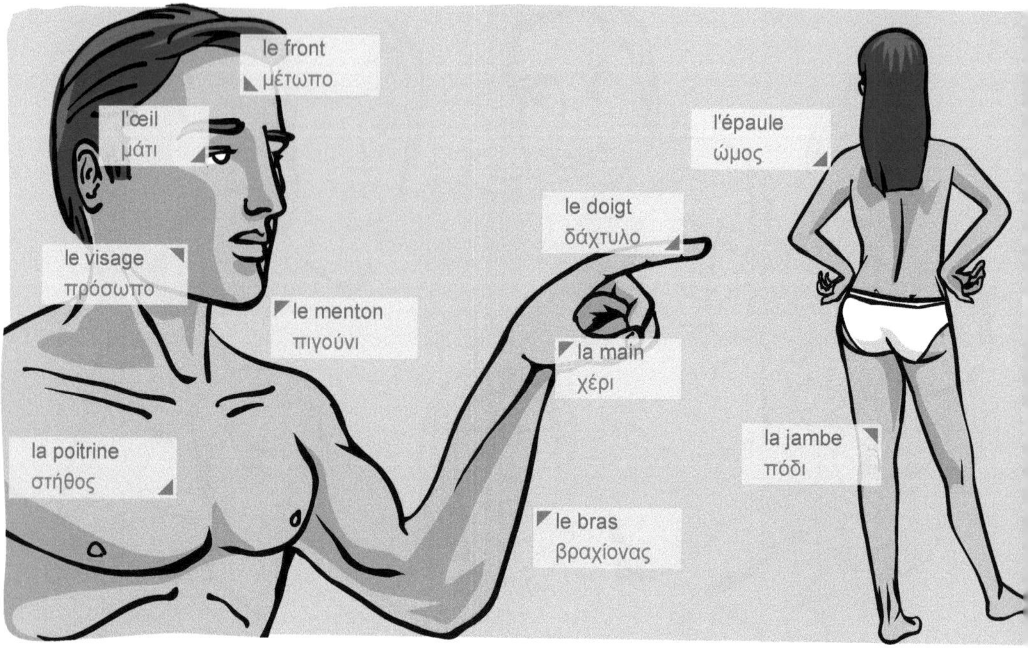

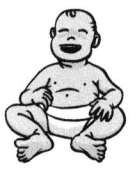

le bébé
μωρό

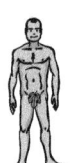

l'homme
άνδρας

la femme
γυναίκα

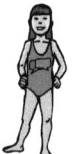

la fille
κορίτσι

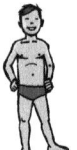

le garçon
αγόρι

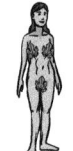

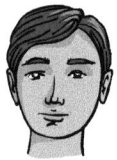

la tête
κεφάλι

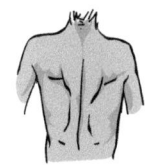

le dos

πλάτη

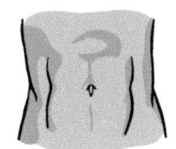

le ventre

κοιλιά

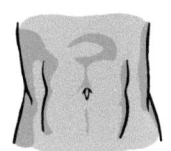

le nombril

αφαλός

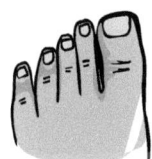

l'orteil

δάχτυλο ποδιού

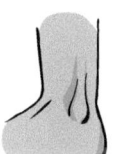

le talon

φτέρνα

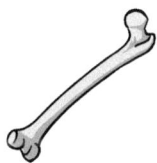

l'os

κόκκαλο

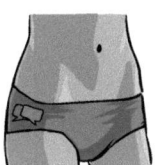

la hanche

γοφός

le genou

γόνατο

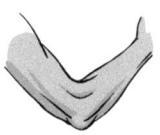

le coude

αγκώνας

le nez

μύτη

les fesses

γλουτός

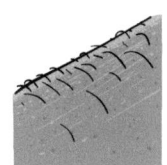

la peau

δέρμα

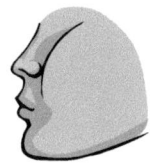

la joue

μάγουλο

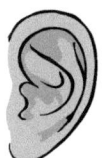

l'oreille

αυτί

la lèvre

χείλος

le corps - σώμα

la bouche
στόμα

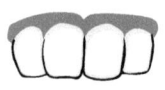

la dent
δόντι

la langue
γλώσσα

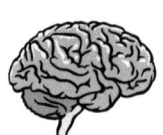

le cerveau
εγκέφαλος

le cœur
καρδιά

le muscle
μυς

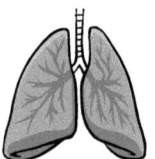

les poumons
πνεύμονας

le foie
συκώτι

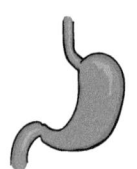

l'estomac
στομάχι

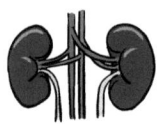

les reins
νεφρά

le rapport sexuel
σεξουαλική επαφή

le préservatif
προφυλακτικό

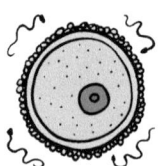

l'ovule
ωάριο

le sperme
σπέρμα

la grossesse
εγκυμοσύνη

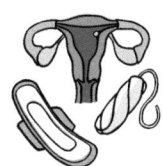

la menstruation

περίοδος

le vagin

γυναικείος κόλπος

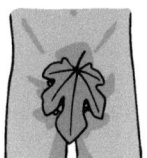

le pénis

πέος

le sourcil

φρύδι

les cheveux

μαλλιά

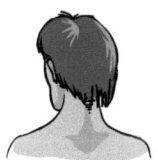

le cou

λαιμός

l'hôpital
νοσοκομείο

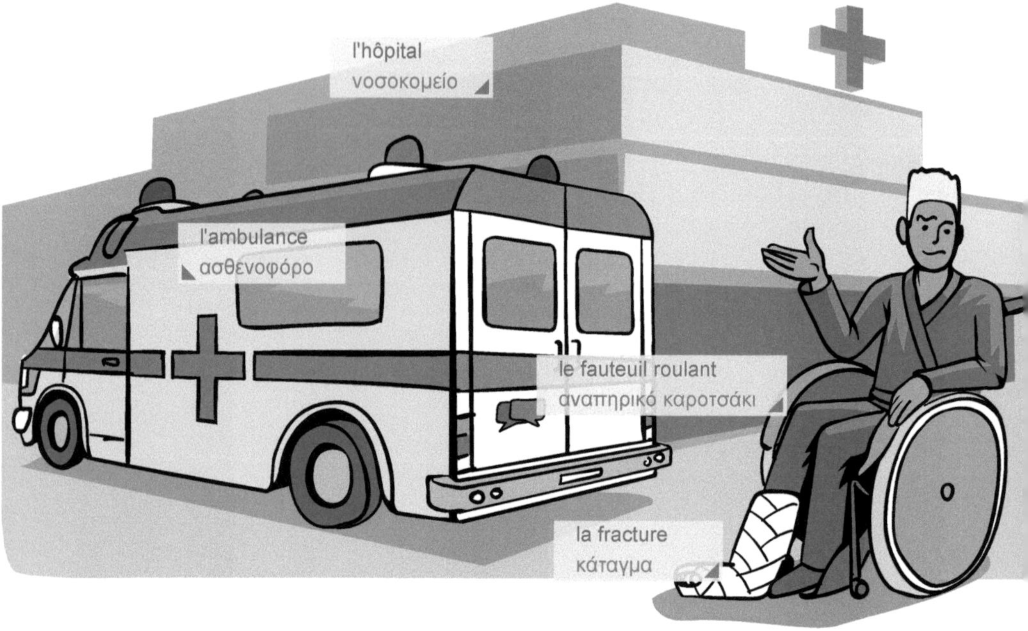

l'hôpital
νοσοκομείο
l'ambulance
ασθενοφόρο
le fauteuil roulant
αναπηρικό καροτσάκι
la fracture
κάταγμα

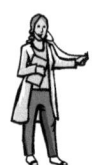

le médecin

γιατρός

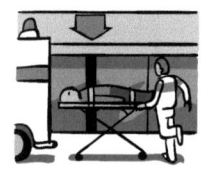

le service des urgences

μονάδα εντατικής θεραπείας

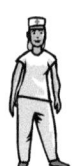

l'infirmière

νοσοκόμα

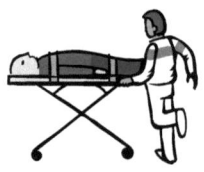

l'urgence

έκτακτη ανάγκη

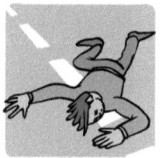

inconscient

λιπόθυμος

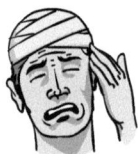

la douleur

πόνος

la blessure
τραύμα

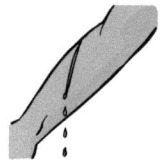

l'hémorragie
αιμορραγία

la crise cardiaque
έμφραγμα

l'attaque cérébrale
εγκεφαλικό

l'allergie
αλλεργία

la toux
βήχας

la fièvre
πυρετός

la grippe
γρίπη

la diarrhée
διάρροια

le mal de tête
πονοκέφαλος

le cancer
καρκίνος

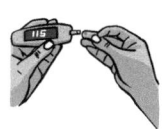

le diabète
διαβήτης

le chirurgien
χειρουργός

le scalpel
νυστέρι

l'opération
εγχείρηση

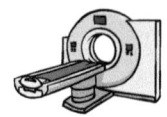

le CT

αξονική τομογραφία

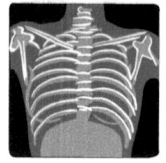

la radiographie

ακτινογραφία

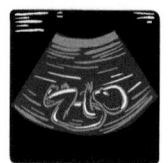

l'échographie

υπέρηχος

le masque

μάσκα

la maladie

ασθένεια

la salle d'attente

αίθουσα αναμονής

la béquille

πατερίτσα

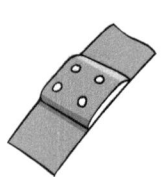

le pansement

χάνσαπλαστ

le pansement

επίδεσμος

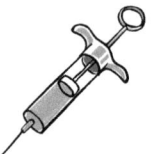

l'injection

ένεση

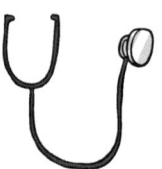

le stéthoscope

στηθοσκόπιο

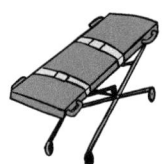

le brancard

φορείο

le thermomètre

θερμόμετρο

l'accouchement

γέννηση

la surcharge pondérale

υπέρβαρο

l'appareil auditif

ακουστικό βαρηκοΐας

le désinfectant

αντισηπτικό

l'infection

λοίμωξη

le virus

ιός

le VIH / le sida

HIV/AIDS

le médicament

φάρμακο

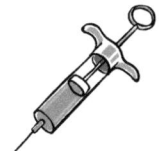

la vaccination

εμβολιασμός

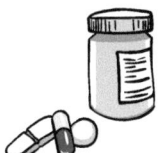

les comprimés

δισκία

la pilule

χάπι

l'appel d'urgence

κλήση έκτακτης ανάγκης

le tensiomètre

πιεσόμετρο αίματος

malade / sain

άρρωστος / υγιής

l'alarme

συναγερμός

l'assaut

βιαιοπραγία

Au secours !

Βοήθεια!

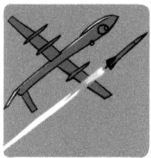

l'attaque

επίθεση

le danger

κίνδυνος

la sortie de secours

έξοδος κινδύνου

l'extincteur

πυροσβεστήρας

l'accident

ατύχημα

Au feu!

Φωτιά!

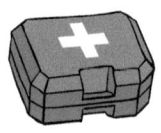

la trousse de premier
secours

κουτί πρώτων βοηθειών

SOS

SOS

la police

αστυνομία

l'Europe

Ευρώπη

l'Amérique du Nord

Βόρεια Αμερική

l'Amérique du Sud

Νότια Αμερική

l'Afrique

Αφρική

l'Asie

Ασία

l'Australie

Αυστραλία

l'Océan atlantique

Ατλαντικός Ωκεανός

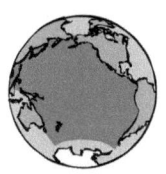

l'Océan pacifique

Ειρηνικός Ωκεανός

l'Océan indien

Ινδικός Ωκεανός

l'Océan antarctique

Ανταρκτικός Ωκεανός

l'Océan arctique

Αρκτικός Ωκεανός

le Pôle nord

Βόρειος Πόλος

le Pôle sud

Νότιος Πόλος

l'Antarctique

Ανταρκτική

la terre

Γη

le pays

γη

la mer

θάλασσα

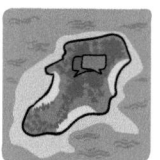

l'île

νησί

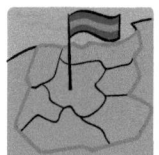

la nation

έθνος

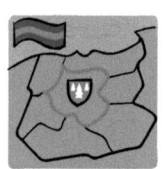

l'état

πολιτεία

le cadran

καντράν ρολογιού

l'aiguille des heures

ωροδείκτης

l'aiguille des minutes

λεπτοδείκτης

l'aiguille des secondes

δείκτης δευτερολέπτων

Quelle heure est-il ?

Τι ώρα είναι;

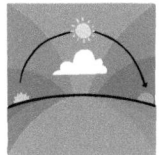

le jour

ημέρα

le temps

χρόνος

maintenant

τώρα

la montre digitale

ψηφιακό ρολόι

la minute

λεπτό

l'heure

ώρα

la semaine
εβδομάδα

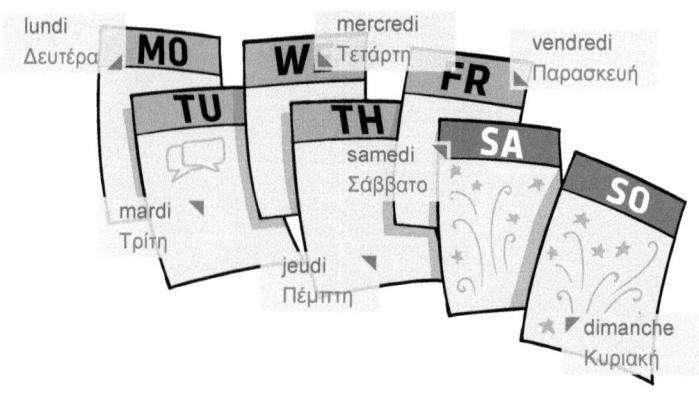

lundi Δευτέρα — MO
TU
mardi Τρίτη
W — mercredi Τετάρτη
TH
jeudi Πέμπτη
FR — vendredi Παρασκευή
samedi Σάββατο — SA
SO
dimanche Κυριακή

hier
χθες

aujourd'hui
σήμερα

demain
αύριο

le matin
πρωί

le midi
μεσημέρι

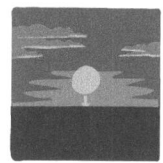

le soir
βράδυ

MO	TU	WE	TH	FR	SA	SU
1	2	3	4	5	6	7
8	9	10	11	12	13	14
15	16	17	18	19	20	21
22	23	24	25	26	27	28
29	30	31	1	2	3	4

les jours ouvrables
εργάσιμες ημέρες

MO	TU	WE	TH	FR	SA	SU
1	2	3	4	5	6	7
8	9	10	11	12	13	14
15	16	17	18	19	20	21
22	23	24	25	26	27	28
29	30	31	1	2	3	4

le week-end
Σαββατοκύριακο

l'année
έτος

la pluie
βροχή
l'arc-en-ciel
ουράνιο τόξο
la neige
χιόνι
le vent
άνεμος
le printemps
άνοιξη
l'été
καλοκαίρι
l'automne
φθινόπωρο
l'hiver
χειμώνας

4.APRIL 11°
5.APRIL 4°
6.APRIL 13°
7.APRIL 8°
8.APRIL 10°

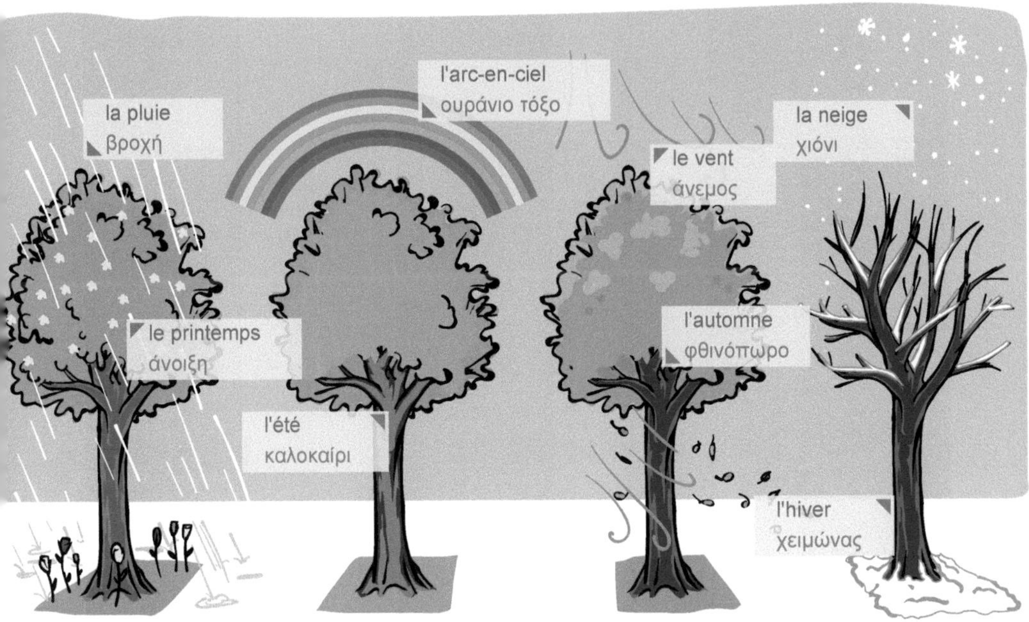

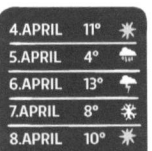

la météo

πρόγνωση καιρού

F
C
120
90
60
30
0
-30
40
30
20
10
0
-10
-20

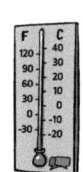

le thermomètre

θερμόμετρο

la lumière du soleil

λιακάδα

le nuage

σύννεφο

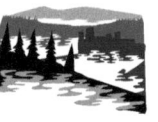

le brouillard

ομίχλη

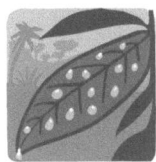

l'humidité

υγρασία

la foudre

αστραπή

la tonnerre

κεραυνός

la tempête

καταιγίδα

la grêle

χαλάζι

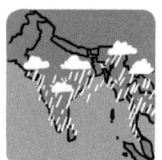

la mousson

μουσώνας

l'inondation

πλημμύρα

la glace

πάγος

janvier

Ιανουάριος

février

Φεβρουάριος

mars

Μάρτιος

avril

Απρίλιος

mai

Μάιος

juin

Ιούνιος

juillet

Ιούλιος

août

Αύγουστος

septembre

Σεπτέμβριος

octobre

Οκτώβριος

novembre

Νοέμβριος

décembre

Δεκέμβριος

les formes

σχήματα

le cercle

κύκλος

le carré

τετράγωνο

le rectangle

ορθογώνιο
παραλληλόγραμμο

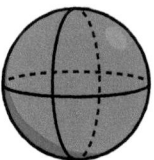

le triangle

τρίγωνο

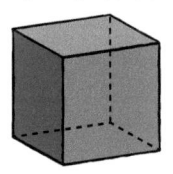

la sphère

σφαίρα

le cube

κύβος

blanc

άσπρο

jaune

κίτρινο

orange

πορτοκαλί

rose

ροζ

rouge

κόκκινο

violet

μωβ

bleu

μπλε

vert

πράσινο

marron

καφέ

gris

γκρι

noir

μαύρο

beaucoup / peu

πολύ / λίγο

fâché / calme

θυμωμένος / ήρεμος

joli / laid

όμορφος / άσχημος

le début / la fin

αρχή / τέλος

grand / petit

μεγάλος / μικρός

clair / obscure

φωτεινός / σκοτεινός

frère / soeur

αδελφός / αδελφή

propre / sale

καθαρός / λερωμένος

complet / incomplet

πλήρης / ατελής

le jour / la nuit

ημέρα / νύχτα

mort / vivant

νεκρός / ζωντανός

large / étroit

φαρδύς / στενός

comestible / incomestible

βρώσιμος / μη βρώσιμος

méchant / gentil

κακός / ευγενικός

excité / ennuyé

ενθουσιασμένος /
βαριεστημένος

gros / mince

παχύς / λεπτός

le premier / le dernier

πρώτος / τελευταίος

l'ami / l'ennemi

φίλος / εχθρός

plein / vide

γεμάτος / άδειος

dur / souple

σκληρός / μαλακός

lourd / léger

βαρύς / ελαφρύς

faim / soif

πείνα / δίψα

malade / sain

άρρωστος / υγιής

illégal / légal

παράνομος / νόμιμος

intelligent / stupide

έξυπνος / χαζός

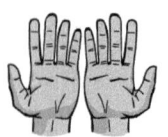

gauche / droite

αριστερός / δεξιός

proche / loin

κοντινός / μακρινός

nouveau / usé

καινούριος / μεταχειρισμένος

rien / quelque chose

τίποτα / κάτι

vieux / jeune

γέρος | νέος

marche / arrêt

αναμμένος / σβηστός

ouvert / fermé

ανοιχτός / κλειστός

faible / fort

χαμηλόφωνος / μεγαλόφωνος

riche / pauvre

πλούσιος / φτωχός

correct / incorrect

σωστός / λανθασμένος

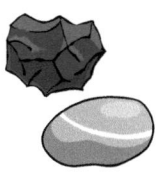

rugueux / lisse

τραχύς / λείος

triste / heureux

λυπημένος / χαρούμενος

court / long

κοντός / μακρύς

lent / rapide

αργός / γρήγορος

mouillé / sec

υγρός / στεγνός

chaud / froid

ζεστός / δροσερός

la guerre / la paix

πόλεμος / ειρήνη

les nombres

αριθμοί

0
zéro
μηδέν

1
un / une
ένα

2
deux
δύο

3
trois
τρία

4
quatre
τέσσερα

5
cinq
πέντε

6
six
έξι

7
sept
εφτά

8
huit
οκτώ

9
neuf
εννιά

10
dix
δέκα

11
onze
έντεκα

12

douze

δώδεκα

13

treize

δεκατρία

14

quatorze

δεκατέσσερα

15

quinze

δεκαπέντε

16

seize

δεκαέξι

17

dix-sept

δεκαεφτά

18

dix-huit

δεκαοκτώ

19

dix-neuf

δεκαεννέα

20

vingt

είκοσι

100

cent

εκατό

1.000

mille

χίλια

1.000.000

le million

εκατομμύριο

l'anglais

Αγγλικά

l'anglais américain

Αμερικάνικα Αγγλικά

le chinois mandarin

Μανδαρίνικα Κινέζικα

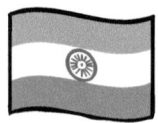

le hindi

Χίντι

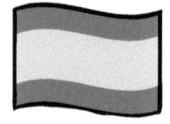

l'espagnol

Ισπανικά

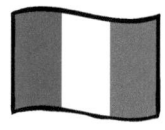

le français

Γαλλικά

l'arabe

Αραβικά

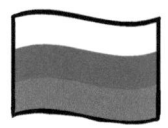

le russe

Ρώσικα

le portugais

Πορτογαλικά

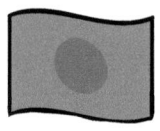

le bengali

Μπενγκάλι

l'allemand

Γερμανικά

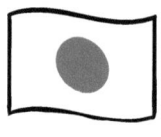

le japonais

Ιαπωνικά

je

εγώ

tu

εσύ

il / elle / ce, c', cela

αυτός / αυτή / αυτό

nous

εμείς

vous

εσείς

ils / elles

αυτοί / αυτές / αυτά

Qui ?

ποιος / ποια / ποιο;

Quoi ?

τι;

Comment ?

πώς;

Où ?

πού;

Quand ?

πότε;

le nom

όνομα

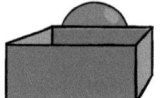

derrière

πίσω

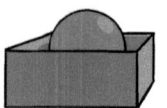

dans

μέσα

devant

μπροστά

au-dessus

πάνω από

sur

πάνω

en-dessous

κάτω

à côté de

δίπλα

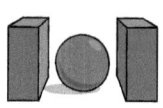

entre

ανάμεσα

le lieu

μέρος